D1924272

Traugott Thoma

Friedrich Nothacker
Ein Freund Israels

SCM
Hänssler

SCM

Stiftung Christliche Medien

Der SCM Verlag ist eine Gesellschaft der Stiftung Christliche Medien, einer gemeinnützigen Stiftung, die sich für die Förderung und Verbreitung christlicher Bücher, Zeitschriften, Filme und Musik einsetzt.

MIX
Papier aus verantwortungsvollen Quellen
FSC www.fsc.org FSC® C083411

© der deutschen Ausgabe 2016
SCM-Verlag GmbH & Co. KG · Max-Eyth-Straße 41 · 71088 Holzgerlingen
Internet: www.scm-verlag.de · E-Mail: info@scm-verlag.de

Die Bibelverse sind, wenn nicht anders angegeben, folgender Ausgabe entnommen:
Lutherbibel, revidierter Text 1984, durchgesehene Ausgabe in neuer Rechtschreibung 2006, © 1999 Deutsche Bibelgesellschaft, Stuttgart.

Umschlaggestaltung: Kathrin Spiegelberg, Weil im Schönbuch
Titelbild: aus dem Archiv des Vereins Zedakah e. V.
Satz: typoscript GmbH, Walddorfhäslach
Druck und Bindung: CPI books GmbH, Leck
Gedruckt in Deutschland
ISBN 978-3-7751-5765-0
Bestell-Nr. 395.765

Gewidmet dem Liebeswerk ZEDAKAH
und seinen treuen Freunden und Förderern

ZEDAKAH צדקה

INHALT

VORWORT

Zum Reichtum des Reiches Gottes, das hier auf Erden mit Jesus Christus begonnen hat, gehören Menschen, die sich in den Dienst Jesu rufen lassen. Die Kette solcher wird bis zur Wiederkunft Jesu nicht abreißen. Zu ihnen zählen auch Friedrich Nothacker und seine Frau Luise.

Frau Luise Nothacker habe ich noch persönlich kennengelernt. Ihre milde, freundliche und zugleich strahlende Art ist mir lebhaft in Erinnerung geblieben.

Von den Gesetzen dieser Welt her betrachtet, einer Welt, die laut sein möchte und nach Medieneffektivität hascht, muss man Friedrich Nothacker eher bei den Stillen im Lande einordnen. Auf weiten Strecken seines Lebenslaufes hat man den Eindruck, dass die Art, wie er lebte und arbeitete, Jesaja 30,15 ganz nahe kam: »Durch Stillesein und Hoffen würdet ihr stark sein.«

Und doch: Wie vieles ließ Gott in den 67 Jahren seines Lebens geschehen: Friedrich Nothacker wurde ein Wegweiser zu Jesus in seinen Predigtdiensten in Nürnberg und in der Zeltmission, er konnte 1954 den Christlichen Hilfsbund gründen, 1960 ZEDA-

KAH, das Liebeswerk in Israel, schon 1936 das Haus Bethel in Maisenbach, 1959 begann er mit der Arbeit in Nahariya (Israel), die sich seit 1966 auf Shavei Zion und 1983 auf Maalot ausweitete.

In alledem wirkte kein rastloser Aktivismus, keine christliche Ideologie sozialer Weltzuwendung, sondern – soweit wir es erkennen können – eine Kette von Führungen Gottes, der Schritt um Schritt weiterführte. Mir fiel sehr stark die Geduld Gottes auf, der die beteiligten Menschen immer wieder ansprach, immer wieder ins Nachdenken brachte, bis sie im Vertrauen den nächsten Schritt taten. Die Führungen Gottes gleichen weniger einem Regierungsprogramm, sondern sie entwickeln sich im Laufe des Lebens.

Soweit ich es beurteilen kann, sind zwei Grundlinien bei Friedrich Nothacker entscheidend geworden. Die erste Grundlinie war der Respekt vor dem Wort Gottes. Die Biografie von Traugott Thoma hat deutlich herausgestellt, welche Rolle dabei die biblisch orientierten Lehrer Liebenzells spielten, vor allem Wilhelm Heinsen. Vom Standpunkt des heutigen durchschnittlichen Protestantismus aus erscheint das auffallend. Dieser allgemeine heutige Protestantismus löst sich ja vom Sola-scriptura-Prinzip der Reformation (dass allein die Schrift entscheidet). Aber die Lehrer Nothackers und er selbst wussten nichts anderes als: Die Bibel *ist* Gottes Wort, sie enthält nicht nur das Wort Gottes.

Die zweite Grundlinie bei Friedrich Nothacker war die Liebe zu Israel. Auch sie hat sich im Laufe der Zeit mehr und mehr entwickelt. Die Verbrechen der Nazis, die Erlebnisse im Warschauer Ghetto, das Unrecht an den Juden als dem Volk Gottes: All dies trug zu einer immer stärkeren Hinwendung zu Israel bei. Aber auch hier blieb das Grundlegende das Wort Gottes. Für Nothacker war der Auftrag klar: dienende, praktische Liebe gegenüber dem heutigen

Israel als Zeugnis für die Liebe, die wir in Jesus erfahren haben. Damit fordert er fünfzig Jahre nach seinem Tod auch uns Heutige heraus. Ist uns diese jesusgeschenkte Liebe zu Israel ebenso wichtig? Traugott Thoma ist für diese wertvolle Biografie aufrichtig zu danken. Es ist bei ihm Seite für Seite zu spüren, dass er nicht Menschen groß machen will, sondern den Gott, der uns nach 1. Korinther 3,9 zu seinen Mitarbeitern beruft. Er entreißt mit dieser Biografie vieles dem Vergessen, was nicht vergessen werden darf!

Tübingen, 13. August 2016
Dr. Gerhard Maier, Landesbischof i. R.

EINLEITUNG

Immer wieder treffen wir Menschen in Maisenbach und in Israel, deren Augen strahlen, wenn die Namen Friedrich und Luise Nothacker über ihre Lippen kommen. Und sie sprechen davon, dass das ganze Liebeswerk ZEDAKAH in Israel ein großes Wunder Gottes ist. Jemand meinte: »Friedrich Nothacker (1901–1968) lebte in der völligen Abhängigkeit von Gott.«

Eine kleine Episode kann dies verdeutlichen. Friedrich Nothacker begann seine Arbeit unter KZ-geschädigten Juden 1960 in Nahariya/Israel im Heim Beth-El. Als das Haus zu klein wurde, sah er sich nach einem geeigneten und schön gelegenen Gelände um. Sein Augenmerk richtete sich auf Shavei Zion. Er sprach bei dem damaligen Bürgermeister Dr. Scheuer vor und fragte nach einem geeigneten Bauplatz und einer Baubewilligung. Dr. Scheuer stellte Friedrich Nothacker die Frage: »Sind Sie überhaupt in der Lage, ein solches Projekt zu finanzieren?« »Nein, ich habe nicht die Mittel dazu, ich rechne aber damit, dass der Gott Abrahams, Isaaks und Jakobs mir die erforderlichen Geldmittel zur rechten Zeit gibt.« Frau Nothacker besuchte im Januar 1978 den 85-jährigen Dr.

Scheuer. Bei diesem Anlass sagte er mit leuchtenden Augen: »Ich dachte, wenn Herr Nothacker einen so starken Glauben an unsern Gott hat, dann muss ich das auch glauben, dass Gott ihm hilft. In der Tat wurde alles pünktlich bezahlt, was mit dem Aufbau dieses Werkes in Shavei Zion an Kosten anfiel.« Das ist ein wunderbares Zeugnis von einem orthodoxen Juden für die Glaubenshaltung eines Christen wie Friedrich Nothacker.

Traugott Thoma

KAPITEL 1

Kindheit, Heimat und Jugendzeit (1901–1923)

In Zainen bei Bad Liebenzell wurde Friedrich Nothacker am 3. Oktober 1901 geboren. Mit vier Geschwistern wuchs er in einem Armenhaus in Zainen auf. Seine Mutter fand früh zum Glauben an Jesus Christus durch den Verkündigungsdienst von den »Liebenzellern«, wie man sie nannte, die nach Maisenbach kamen. Der Mutter lag es sehr am Herzen, dass ihre fünf Kinder auch diesen Weg gehen möchten. Dennoch musste die Familie sehr viel Not, Leid und Anfechtung ertragen, weil der Vater seinen Verdienst in den Gasthäusern verbrauchte. Er arbeitete zwar in Pforzheim bei einer Firma, die Schmuckwaren herstellte, aber seiner Familie fühlte er sich überhaupt nicht verpflichtet. Oft war er längere Zeit als Fuhrmann mit Pferden unterwegs oder er saß nächtelang in den Gasthäusern herum. Die Mutter Katharina Nothacker ernährte ihre Kinder weitgehend alleine. Von dem wenigen Geld, das Daniel

Nothacker seiner Frau zum Lebensunterhalt gab, verlangte er am Montagmorgen wieder einen Teil zurück, um die Bahnfahrkarte von Liebenzell nach Pforzheim zu lösen. Oft mussten die Kinder in Maisenbach ohne Frühstück zur Schule gehen, weil die Mutter nichts zu Hause hatte. Günther Nothacker erzählte von seinem Vater Emil, dem jüngeren Bruder Friedrich Nothackers, Folgendes: »Sein Schulfreund Michael hat ihm oft die Hälfte seines Schulvespers in der Pause abgegeben und ihm so Beistand und Hilfe geleistet. Dieses großzügige Verhalten führte zu einer lebenslangen und bleibenden Freundschaft.«

Mit zunehmendem Alter wurde der Vater von Friedrich Nothacker doch noch etwas häuslicher. Als Nebenverdienst betätigte er sich als Herrenfriseur und die Mutter arbeitete als Näherin bei den Bauern, um ihre Familie einigermaßen ernähren zu können.[1]

Die Heimat

Der erste Bericht von dem Dorf Maisenbach, das auf der Enz-Nagold-Platte liegt, ist in dem sogenannten CODEX HIRSAUGIENSIS enthalten. In diesem wird eine Schenkung der Herzogin Uta, Gemahlin des Bayernherzogs Welf VI. und Tochter des Pfalzgrafen Gottfried von Calw, um 1160 aufgeführt. Hier wird unter anderem auch die Liebenzeller Kirche als Mutterkirche von verschiedenen Orten dem Kloster Hirsau geschenkt. Die Bindung von Maisenbach-Zainen an die Mutterkirche Bad Liebenzell besteht demnach mehr als 800 Jahre.

---

1 Günther Nothacker, aus persönlichen Aufzeichnungen.

Um 1900 zählten Maisenbach und Zainen zusammen 326 evangelische Einwohner. Es handelte sich bereits um zahlenmäßig gleich große Dörfer. Doch das soziale Gefälle stand in einem krassen Gegensatz dazu. Maisenbach war ein sehr reiches Dorf mit wohlhabenden Bauern, die über großen Waldbesitz verfügten. In Zainen herrschte Armut. (Maisenbach ist eines der sogenannten »Waldhufendörfer«[2] in der Gegend, Zainen war ursprünglich Siedlung für die Dienstboten bei den Bauern.) Und so ist es auch sehr gut verständlich, dass es mit der aufkommenden Industrialisierung viele besitzlose Bürger von Zainen in die Industriestadt Pforzheim zog, um dort als Fabrikarbeiter oder Goldschmiede ihren Lebensunterhalt zu verdienen. In Pforzheim hatte sich eine recht erfolgreiche Schmuckindustrie angesiedelt. Da waren die Verdienstmöglichkeiten für ein sehr großes Einzugsgebiet gegeben. Zudem erlaubte es die Schmuckindustrie, dass man nicht unbedingt seinen Wohnort verlassen musste, sondern in Heimarbeit sein Brot verdienen konnte. Allerdings waren in Zainen die Räumlichkeiten oft sehr begrenzt, sodass manche Bürger gezwungen waren, in die Fabrik nach Pforzheim zu gehen. Dies bedeutete für manche in Zainen ansässige Bewohner, dass sie frühmorgens um 5 Uhr losmussten, um rechtzeitig den 6-Uhr-Zug von Bad Liebenzell nach Pforzheim zu erreichen.

Diese neue Verdienstmöglichkeit erbrachte für viele Menschen in Zainen echten Wohlstand und Zufriedenheit! Somit konnte man ein besseres Leben führen. Dass dies für das Zusammenleben von einigen Maisenbachern und Zainenern nicht gerade förderlich war,

---

2 http://www.tourismus-bw.de/Media/Touren/Waldhufendorf-Bad-Liebenzell-Beinberg (aufgerufen am 18.07.2016).

liegt auf der Hand. Außerdem brachten manche Facharbeiter ganz neuartige Gedanken von ihrer Fabrik mit in ihre Schwarzwalddörfer. Es wird in Unterlagen berichtet: »Diese sozialkritische Idee gab ihnen die Fähigkeit, ›Jemand‹ zu sein.« Diese kritische Haltung machte auch vor der mächtigen Kirche nicht Halt.

1909 beklagte sich der Ortspfarrer über die zunehmende kirchenfeindliche Haltung der Fabrikarbeiter. Diese wollten sonntags nicht den langen, beschwerlichen Weg zum Gottesdienst gehen, sondern ihre Ruhe haben und sich erholen für den Alltag. Zudem war ja die Kirche nicht im Dorf und man musste fünf Kilometer zu Fuß nach Bad Liebenzell und wieder zurückgehen. Dort war auch der Wohnsitz des Pfarrers, der außer Maisenbach noch die Filialen Beinberg, Unterlengenhardt, Ernstmühl und Monakam zu betreuen hatte. Alle diese Orte waren für ihn nur zu Fuß erreichbar.

Und so ist es verständlich, dass er nur selten und vor allem zu konkreten Anlässen die Dorfbewohner besuchen konnte. Zudem beklagte sich der Ortspfarrer in einem Bericht: »Spötterei über Kirche und Christen lässt sich in den Wirtshäusern wohl manchmal hören seitens einiger ruchloser, dem Trunke ergebener Männer. Aber erklärte Gegner des Glaubens und der Religion sind die betreffenden Männer doch nicht, sondern sie suchen in Fühlung zu bleiben. Die ledige Jugend ist, soweit sie bäuerlichen Familien entstammt, geordnet und zurückhaltend, soweit sie Arbeiterfamilien entstammt und selber in die Fabrik geht, zur Ungebundenheit und zu Exzessen aller Art geneigt.« Aus diesen Worten können wir ganz gut entnehmen, dass der Ortspfarrer mit der Situation nicht klarkam. Er war überfordert.

Es klingt geradezu grotesk, dass der damalige Pfarrer diesen Bedürfnissen insoweit entgegenkam und einmal im Jahr eine Bibelstunde anbot. Aufgrund dieser Situation mit dem Pfarrer ist es gut verständlich, dass die Maisenbacher zur Selbsthilfe griffen. Denn es bestand ganz einfach ein großes Bedürfnis, ein Interesse nach einer Bibelstunde im Ort. In dieser Bibelstunde sollten gute Hilfen für den Alltag angeboten werden. Nach einigen Überlegungen fand man vorübergehend eine gute Lösung und bat den Bauernschultheiß Keppler aus Oberreichenbach um Erbauungsstunden. Diese Versammlungen waren dann auch sehr praktisch und wurden gerne von den Maisenbacher Bürgern angenommen.[3]

Die Liebenzeller Gemeinschaft

Das Gründungsdatum der Liebenzeller Gemeinschaft in Maisenbach geht auf das Jahr 1902 zurück. Es wird in einer kleinen Schrift von Missionslehrer Wilhelm Heinsen (1879–1959) berichtet: »Männer waren nach Unterhaugstett in das Haus Rexer geholt worden. Weil diese Leute jedoch Bad Liebenzell so nah wohnten, luden sie als Erste die Missionsbrüder ein. An einem Sonntag war im Ort Unterhaugstett Besuch von Maisenbach. Die Frau Volle kam mit in die Stunde und sagte nachher zum Prediger: ›Jetzt müssen Sie auch zu uns nach Maisenbach [kommen]!‹ Dic Einladung wurde angenommen. Am ersten Augustsonntag 1902 fand dann im Dorf Maisenbach die erste Versammlung statt. Zu derselben kam auch die alte Frau Rexer dort. Der David war damals Knecht in Igelsloch

3 Eberhard Nothacker, Der Neupietismus in den beiden Dörfern Maisenbach und Zainen Kreis Calw – Seine Entstehung und seine soziale Auswirkung. 1970.

und erschien zum Besuch. Die Mutter lud ihn ein, da mitzukommen; denn sonst müsse er alleine zu Hause sitzen, sie würden in die Stunde gehen. Nach einigem Widerstande ging er mit und kam fortan gern.«[4]

Das war der Beginn der Liebenzeller Gemeinschaft in Maisenbach. Im Haus von Barbara und Jakob Volle fanden dann die Veranstaltungen statt. Es gibt weitere Berichte, wie sich die Gemeinschaftsarbeit entwickelte und wuchs. Im Winter 1903 hielt Prediger Karl Heinrichsohn die erste Evangelisation. Durch diesen Dienst fanden eine ganze Anzahl Männer und Frauen Frieden und Vergebung ihrer Schuld durch Jesus Christus. Jetzt fand das Gemeinschaftsbedürfnis von einigen Maisenbacher Bauern seine Erfüllung. Innerhalb kurzer Zeit wuchs die Zahl der Besucher weit über dreißig, die sehr gerne zur Gemeinschaft gingen. Immer wieder kamen auch Missionare von der Liebenzeller Mission (wie sie entstand und wirkte, folgt im nächsten Abschnitt), die von ihrem Wirkungsfeld in China berichteten. Diese Missionsvorträge waren sehr wichtig und interessant und man konnte direkt von ihnen erfahren, was wirklich in China passierte. Ein Chinamissionar hielt sogar einen Missionsvortrag in chinesischer Landestracht. Ein anderes Mal brachten sie einen ehemaligen Häuptling mit, der von seiner Heimat Ponape in der Südsee erzählte. Im Pfarrbericht von 1913 wird berichtet, wie der Häuptling Nanpei seine Bekehrungsgeschichte erzählte und was sich dadurch in seinem Leben positiv veränderte. Natürlich beschränkte sich die Gemeinschaft nicht nur auf die Erwachsenenarbeit. Auch Kinderstunden und Jungscharstunden wurden angeboten. Es kamen Seminaristen und Schwestern aus

[4] Wilhelm Heinsen, Die zweite Meile der Liebenzeller Mission.

Bad Liebenzell, die noch in der Ausbildung waren. Sie erzählten die biblischen Geschichten und begeisterten die Kinder für Jesus und den Glauben an ihn. So wurde auch bei Friedrich Nothacker und seinen vier Geschwistern das Interesse an Jesus Christus geweckt.

Die Liebenzeller Mission

Pfarrer Heinrich Coerper (1863–1936), ein bibeltreuer Theologe, gründete 1899 den deutschen Zweig der China-Inland-Mission in Hamburg. Als er seinen Dienst antrat, hatte er noch kein klares Bild davon, was werden sollte. Selbstverständlich bestand das Ziel, Missionare und Schwestern für China auszubilden. Vorerst waren noch keine Meldungen von Missionswilligen da. Auch die Räumlichkeiten fehlten.

In der ersten Nummer des von ihm herausgebrachten Blattes »Chinas Millionen« entwickelt er seine Gedanken in folgender Weise: »Wenn gläubige junge Männer und Mädchen ihr Leben der Sache Jesu in China weihen wollen, bin ich gern bereit, sie in das gemietete Haus aufzunehmen und ihnen zur rechten Vorbereitung auf den Dienst das Notwendige beizubringen. Wenn Jesus uns die rechten Kräfte und alles Erforderliche zuteilwerden lässt, hoffe ich in den nächsten Monaten einen zweijährigen Kursus zu eröffnen. Aber alle, welche beten können, bitte ich herzlich und dringend um Fürbitte für mich und dieses Werk.«

Dieser schlichte Aufruf blieb nicht unerhört. Johanna Arndtz, die spätere Frau Schoppe, war die Erste, die sich meldete. Im gleichen Jahr kamen noch fünf Brüder und zwei Schwestern dazu. So begann die Arbeit der Mission in Hamburg. Im April 1902 siedelte die Mission nach Bad Liebenzell um. Es würde den Rahmen dieses Buches sprengen, wenn wir über die ganzen Geschehnisse in der Anfangszeit berichten würden.

In der Villa Lioba fand die Mission eine neue Heimat. Im Volksmund wurden die neuen Bewohner auf dem Berg die »Liobaisten« genannt. Unter dieser Bezeichnung fanden sie auch in den damaligen Pfarrberichten ihre Verewigung. Das kleine Werk, das anfangs in Bad Liebenzell mit sieben Männern und sechs Frauen begann, wurde ab 1906 unter dem Namen »Liebenzeller Mission« fortgeführt. Gott schenkte dem kleinen Missionswerk da und dort offene Türen.

Aber es gab auch manche Anfeindung. Man berief sich auf die Basler Mission und wollte kein neues Missionswerk im Land haben. Dabei wurde auch Pfarrer Heinrich Coerper scharf angegriffen und die neue Mission als ein »englisches Gewächs« bezeichnet. Kirchliche Blätter schrieben unfreundliche Artikel über die junge Missionsarbeit. In dieser angefochtenen Situation machte der Landrat von Calw in Begleitung von Regierungsrat Völter und Fabrikant Blank einen Besuch bei der Liebenzeller Mission. Sie wollten prüfen, ob die Pressestimmen mit der Wirklichkeit übereinstimmten. Bei diesem wichtigen Gespräch stellte sich sehr schnell heraus, dass alle Beschuldigungen jeglicher Grundlage entbehrten.

Doch bevor Pfarrer Coerper mit seinem jungen Missionswerk in Bad Liebenzell ankam und begann, gab es in der Gegend schon einige Gemeinschaften, die nirgends fest angeschlossen waren. Die suchten Hilfe bei Heinrich Coerper. Rings um Bad Liebenzell lud man also Pfarrer Coerper und die jungen »Missionszöglinge«, wie man sie nannte, zum »Stunden halten« ein. Dies löste in zahlreichen Orten in der näheren und weiteren Umgebung von Bad Liebenzell eine Bewegung aus und man schloss sich dann in sogenannten »Gemeinschaften« zusammen. Fortan waren Evangelisationsveranstaltungen gefragt, die wichtige Themen behandelten wie zum Beispiel: »Gibt es ein Leben nach dem Tod?« oder »Wie komme ich zum Glauben an Jesus Christus?«. Pfarrer Eberhard Nothacker (1938–2001), ein Neffe von Friedrich Nothacker, schrieb im August 1970 in einer Ausarbeitung für sein Examen: »Die Verkündigung der ›Liobaisten‹ und ihr Wirken in Maisenbach wirkte sich sehr grundlegend auf manche Maisenbacher aus. Es war die Seelsorge an den Bedrückten, die Beichte an den Kranken, die Unterstützung für die Armen – das war den Bad Liebenzellern nicht einerlei. Sie kämpften mit großem Eifer gegen die Trunksucht, die im Ort immer mehr um sich griff, und boten auch mancher Familie ganz praktische Hilfe an.« Selbst Coerper gab Frau Nothacker Beistand in ihrer schwierigen Lage und half ihr seelsorgerlich, dass sie die Armut und das Alkoholproblem ihres Mannes besser bewältigen konnte.

Was in dieser Biografie auch betont werden muss: Für Pfarrer Coerper war es nie ein Geheimnis, dass der Mensch ohne Umkehr zu Jesus Christus für den Himmel verloren geht. Im Zentrum seiner Theologie stand das Kreuz Christi und die Auferstehung Jesu. Seine vom Pietismus geprägte Verkündigung legte eine starke Betonung auf ein Leben in der Nachfolge Jesu und in der Heiligung.

Es geht im Christenleben darum, klare Fronten zu schaffen. Es geht im Leben eines Menschen um ein Einst und ein Jetzt, eine Zeit »vor Christus« und »nach Christus« oder »mit Christus«. Dies bestimmte Coerpers Wirken. Es war die Stunde eines Neuaufbruchs für die Mission in der näheren und ferneren Umgebung.

Friedrich Nothackers Mutter

Die Mutter von Friedrich Nothacker war eine Frau, die ihr Leben mit Gott und Menschen in Ordnung gebracht hatte. Schon früh erzählte sie Friedrich und seinen vier Geschwistern die Geschichten von Gott dem Schöpfer und von Jesus, dem Guten Hirten. Sie wurde dabei von »Zöglingen« aus Liebenzell unterstützt, die nach Maisenbach kamen und wöchentlich eine Kinderstunde im Haus Volle abhielten. So interessierte sich Friedrich Nothacker sehr früh für Gott und ein Leben mit Jesus und wie das praktisch aussehen kann, wenn man zu Jesus Christus gehören will. Dabei waren auch Lebensbilder und Missionsgeschichten äußerst wichtig.

Es wird von einer Kinderstunde berichtet, in der von Eva von Thiele-Winckler erzählt wurde. Der kleine Friedrich hörte gespannt dem Erzähler aus Bad Liebenzell zu, als er berichtete: Die Familie Thiele-Winckler aus Miechowitz war sehr reich. Sie hatte sehr große Güter. Im Dorf Miechowitz lebten ganz arme Leute. Die meisten Menschen arbeiteten sehr hart in den umliegenden Kohlebergwerken. Dort war die Arbeit sehr anstrengend und ungesund. Der Kohlestaub, der beim Atmen in die Lunge drang, machte die Menschen sehr krank. So gab es in diesen kleinen Dörfern sehr viele Kranke. Eines Tages las Eva ein Wort in der Bibel aus Jesaja 58,7, wo es heißt: »Brich dem Hungrigen dein Brot, und die im Elend ohne Obdach sind, führe ins Haus!« Jedes Mal, wenn Eva von Thiele-Winckler vom Schlossturm aus zum Dorf Miechowitz hinübersah, beschäftigte sie das große Elend der Menschen. Oft besuchten Eva und ihre Mutter mit einem gefüllten Korb die Kranken. Medikamente und Lebensmittel brachten sie den Armen. Evas Eltern wollten keine verwöhnten Söhne und Töchter, die nur an sich dachten. Darum schickten sie manchmal auch ihre Kinder in die Häuser der Armen des Dorfes, um etwas von ihrem eigenen Besitz weiterzugeben. So wurde dieses Beispiel, die Geschichte von Eva von Thiele-Winckler, für Friedrich Nothacker ein Hinweis, ein Wegweiser dafür, wie Christen handeln sollen.

Sein Werdegang

Am 1. Mai 1908 kam Friedrich in die Schule. Er selber berichtet davon: »Nun begann ein neuer Lebensabschnitt, wir waren vier Abc-Schützen, ein Junge und drei Mädchen. Unser Lehrer hieß Herr Nickel. Wir durften erst Bilder ansehen, danach ging es aber auch ans Lernen. Ich begriff gut, sodass ich den ersten Platz bekam. Im zweiten Jahr hatten wir einen Lehrer mit Namen Häußler, dessen Liebling wurde ich bald. Er hieß mich immer ›Dicker‹, was nachher zu mir auch von anderen gesagt wurde. Er schenkte mir oft von seinem Vesper. Die Schule wurde nicht begonnen, bis ich mit dem Essen fertig war. Aber im dritten Jahr kam's dann schon anders. Da gab es schon Tatzen und Hosenspanner. Ich gewöhnte mir das Lügen an. So hatten meine Lehrer viel Mühe mit mir. Mein Vater hielt mich besonders streng. Meine Mutter ging in die ›Stund‹, weshalb sie vieles von meinem Vater erleiden musste. Mein Vater wollte nichts davon wissen. Wir haben schreckliche Nächte durchgemacht, aber der treue Herr hat alles wohlgemacht. Ihm sei Dank.« Da Friedrich von seinem Vater nichts erwarten konnte, waren seine Lehrer in den nächsten Jahren seine Bezugspersonen. Bald bekam er mit, dass viele seiner Klassenkameraden auch aus einfachen Lebensumständen kamen, wie er. Aber das war für ihn kein Problem, sondern er schickte sich in seine ärmlichen Verhältnisse. Was ihn zuerst an seinen Mitschülern beeindruckte, waren ihre derben Ausdrücke, die einige so von sich gaben – aber so richtig freuen konnte er sich darüber nicht. Denn er war von seiner Art her eher ein stiller und wortkarger Junge. Doch schon das Sprichwort sagt: »Stille Wasser gründen tief.« Nun gibt es Menschen, denen hat Gott einen kleinen Lebensraum zugewiesen und den anderen einen weiten. Bei Friedrich formte sich schon in der Jugendzeit (besonders mit 17 Jahren nach seiner Bekehrung) etwas, was dann im Laufe seines Lebens zu einer Weite führen sollte. Einer Weite, die später dann bis nach Israel führen sollte, zum Liebesdienst an den KZ-geschädigten Juden in Israel.

Friedrich Nothacker war schon als jungem Menschen bewusst: Im Leben eines Menschen ist es oft wie bei einem Eisberg. Der größte Teil liegt unter Wasser. Man sieht nur wenig. Sichtbar sind lediglich die Spitzen, die über die Wasserfläche hinausragen. Das Fundament, das diese Spitzen trägt, bleibt unsichtbar. Es sorgt für das Gleichgewicht. Es schmilzt nicht, sinkt nicht auf den Meeresgrund ab. Doch ohne diese tragfähige Basis gäbe es auch keine mit Schnee und Eis überzogenen Spitzen, die auf diesen Eisberg aufmerksam machen. Hier sind manche Parallelen zum Leben eines Christen zu sehen. Vieles können wir nicht gleich erkennen und manches sehen wir erst am Ende eines Lebens.

Die wichtigste Lebensentscheidung

Frau Luise Nothacker hat das Lebenszeugnis ihres Mannes Friedrich lange aufbewahrt und dann den Mitarbeitern in Maisenbach übergeben. Es trägt als Überschrift einen Vers aus dem Propheten

Sacharja 3,2b. Dort steht: »Ist dieser nicht ein Brandscheit, das aus dem Feuer gerettet ist.« Wir lassen hier jetzt Friedrich Nothacker selbst berichten:

»Als ich die Schule verlassen hatte und mich anschickte, den Weg in das Leben anzutreten, stand eines für mich fest: Du willst unter allen Umständen ein glücklicher Mensch werden. Aber wo soll ich das Glück finden? Zunächst beobachtete ich die jungen Menschen, welche älter waren als ich, wie sie ihre Zigaretten rauchten, in der Wirtschaft saßen und sich lustig machten, sich mit den Mädchen amüsierten. Da dachte ich bei mir, dies ist also der Weg, um ein glückliches Leben zu leben, und tat es ihnen bald mehr und mehr nach. Es kam so weit, dass eine Mutter von zwei Kameraden sagte: ›Wenn der nicht wäre – und damit meinte sie mich –, dann wären meine Buben auch anders.‹

Ich wurde also damals der Anführer meiner Kameraden zum Bösen. Wenn ich dann am Sonntag alles mitmachte, was die Welt mir bot, und es schon über Mitternacht hinaus war, bis ich heimkam, da stellte ich mir dann oft am Montagfrüh, wenn ich so allein durch den Wald zum Bahnhof nach Liebenzell ging, die Frage: Warst du jetzt gestern wirklich glücklich, nachdem du doch alles mitgemacht hast? Und ehrlich gegen mich selbst musste ich sagen: ›Nein.‹ Aber der böse Feind war nicht verlegen und sagte mir: Nun war gestern auch nicht viel geboten, am nächsten Sonntag wird es besser werden. Und so ging es weiter. Doch anstatt dass ich glücklicher wurde, kam ich immer mehr unter die Macht der Sünde. Ich zerrte an diesen Sündenketten und konnte sie doch nicht zerreißen.

Eines Sonntags waren ich und mein Kamerad G. in einer Nachbarortschaft wieder im Wirtshaus und kehrten auch da wieder gegen Abend unbefriedigt nach Hause zurück. Unser Plan war es, am Abend noch einmal wegzugehen, in eine andere Ortschaft, mit dem Gedanken, dort sei mehr geboten. Doch als mein Kamerad abends zu mir kam, sagte er, seine Mutter hätte ihn gebeten in ein Nachbardorf zu gehen. Dort sei eine Versammlung, die ein Prediger halten würde. Er hätte es seiner Mutter versprochen, dass er hinginge, und ob ich nicht mitginge. Ich sagte ihm, dass ich doch nicht in eine fromme Versammlung gehen würde. Er blieb sitzen und wartete. Als meine liebe Mutter merkte, der G. würde da hingehen, drang sie in mich: Ich soll doch mit ihm gehen! Nach längerem Zögern ließ ich mich dann doch bewegen mitzugehen. Zu diesem Zweck habe ich mich dann ordentlich herausgeputzt, um auch vornehm zu erscheinen. Wir kamen dann sehr zeitig in dem Hause an, in dem die Versammlung war. Ich dachte, du setzt dich in die hinterste Ecke, da kannst du alles übersehen und beobachten. Die Versammlung füllte sich und der Prediger B. gab sein Zeugnis. Ich hörte aufmerksam zu und merkte, was der Mann sagt, ist die Wahrheit. Und die Wahrheit traf mein hungriges Herz. Als die Versammlung zu Ende war, forderte der Prediger auf: »Wer sein Herz dem Herrn Jesus übergeben möchte, soll zurückbleiben!« Ich stieß meinen Kameraden an und fragte ihn: »Bleibst du da?« Er lehnte ab. Weil er nicht blieb, ging ich auch weg. Im Laufe der Tage verlor sich der Eindruck wieder und es ging im alten Leben weiter.

Es war am Samstagabend vor dem 1. März. Da sagte mir auf dem Nachhauseweg vom Bahnhof eine Arbeiterin, dass sie einen schönen Roman habe. Ich sagte: »Den hole ich morgen früh bei dir.« Am andern Morgen holte ich mir diesen Roman und vertiefte mich in die Lektüre. Es war Sonntag, aber ich hatte mich gar nicht sonntäglich angezogen, so sehr war ich im Bann dieses Romans. Es wurde Nachmittag, da kam mein Freund wieder. Er wollte mich abholen. Aber ich entgegnete ihm, ich sei jetzt an diesem Roman und den wolle ich erst fertig lesen. Doch für diesen Nachmittag hatte ich versprochen, zu einer Männerversammlung in M. zu gehen. Als es Zeit war zu gehen, legte ich den Roman beiseite, zog mich an und ging mit.

In dieser Männerversammlung sprach ein Missionar Schm. Er war gerade in Heimaturlaub da. Er sprach über das Bibelwort: ›Es ist ein köstlich Ding, dass das Herz fest werde, welches geschieht durch Gnade‹ (Hebräer 13,9). Unter anderem sagte er: ›Der Erste Weltkrieg ist ein Gericht Gottes, in dem sich die einen für Christus, die anderen gegen Christus entscheiden werden!‹ Da stand die Frage vor mir: ›Auf welcher Seite stehst du?‹ Mir war durch den Heiligen Geist ganz klar, so wie du jetzt lebst, kannst du vor Gott nicht bestehen.

Unter dieser Erkenntnis brach ich innerlich zusammen. Am Schluss der Versammlung war noch eine Gebetsstunde. Die jungen Männer gingen auf die Knie. Ich beugte meine Knie mit ihnen. Einer nach dem andern betete und dankte dem Herrn für seine Errettung. Sie beteten der Reihe nach. Zuletzt betete der vor mir. Ich dachte, jetzt bist du dran, was willst du beten? Ich besann mich auf irgendein gelerntes Gebet. Aber es fiel mir nichts ein. Nun hörte der junge Mann vor mir auf … und nun betete ich ein Gebet, das ich bis heute nicht vergessen habe: ›Lieber Heiland, ich möchte auch so werden wie die. Amen.‹ Es war ein Gebet unter Tränen und der Herr erhörte es zu derselben Stunde.

Es gab anschließend noch ein seelsorgerliches Gespräch. Dann ging ich mit froher Gewissheit im Herzen nach Hause. Von da an gehöre ich nun dem Herrn Jesus. Ich wusste und glaubte, dass er meine Sünden weggenommen hat.

Zu Hause angekommen ging ich zu meiner Mutter und sagte ihr: ›Mutter, ich hab mich bekehrt. Sei so gut und verzeihe mir, was ich dir Böses angetan habe‹ – was sie natürlich tat. Am Abend ging ich auf unsern Dachboden. Dort hatte ich allerlei Schmuck versteckt, den ich in meinem Geschäft mitgenommen hatte. Ich holte alles zusammen und tat es in eine kleine Büchse. Am andern Früh nahm ich sie mit. Als ich mit meinem Kameraden G. im Zug saß und anstatt wie früher einen Roman nun das Neue Testament aus der Tasche nahm und las, da setzte er sich schnell weg von mir, und die Kameradschaft war aus.

Im Geschäft, in dem ich in der Lehre als Goldschmied war, wartete ich, bis der Chef kam. Ich trat zu ihm hin und erklärte ihm, dass ich mich bekehrt hätte. Damit wusste er nichts Rechtes anzufangen. Aber als ich ihm die Büchse mit dem gestohlenen Schmuck übergab und ihn um Verzeihung bat, da war er erstaunt und meinte: ›Das hätte ich allerdings nicht hinter dir gesucht.‹ Doch ich freute mich meines Heilandes und bezeugte ihn.

Das Glück, das ich nirgends in der Welt gefunden habe, durfte ich nun im Herzen tragen. Ich trage es durch Gottes Gnade seit dem 1. März 1918 bis zum heutigen Tag in meinem Herzen. Ich freue mich, Ihm, dem Herrn, dienen zu dürfen. Und darf auf sein baldiges Kommen warten. Er hat mehr an Freude in mein Leben hineingelegt, als ich ahnen konnte.«

Sein Beruf

Friedrich Nothacker schreibt über seine Berufswahl: »Zum Weiterlernen nach der Volksschule hatten meine Eltern kein Geld, so erlernte ich den Beruf als Mechaniker. Mein Vater hatte mir in Calmbach eine Stelle besorgt. Da es mir dort nicht gefallen hat und der Einfluss mancher Mitarbeiter nicht gut für mich war, ging ich nach einigen Monaten wieder weg. Anschließend nahm mich mein Vater mit in eine Waffenfabrik nach Oberndorf am Neckar. Ich wohnte zur Logis bei lieben Leuten.

Schon damals suchte mein Vater in Pforzheim nach einer geeigneten Mechanikerstelle, doch er fand keine. Doch nach langem Bemühen in der Goldstadt wurde er fündig. Er fand eine Lehrstelle für mich als Goldschmied. Dies war die richtige Arbeitsstelle und mein Chef, Emil Vollmer, war mit mir zufrieden.« Friedrich empfand jetzt seinen Beruf als großes Geschenk. Andere mussten gleich nach der Schule als ungelernte Fabrikarbeiter ihr Geld verdienen.

Friedrich Nothacker war ein sehr guter Facharbeiter und wurde entsprechend geschätzt – von seinen Kollegen wie auch vom Meister. Trotz allen Erfolgs bei der Arbeit hatte er doch manche Schwierigkeiten zu bestehen. Da war zum Ersten der mühevolle Weg zur Arbeitsstelle. Morgens musste er eine Stunde lang zu Fuß nach Bad Liebenzell laufen und dann ging's mit dem Zug weiter nach Pforzheim. Und wenn dann, nach getaner Arbeit, die zehn bis zwölf Stunden dauerte, der Feierabend kam, musste er den beschwerlichen Rückweg, den Berg hinauf nach Hause, antreten.

Zum Zweiten wollte er, nachdem er am 1. März 1918 eine klare Hinwendung zu Jesus Christus vollzogen hatte, seinen Glauben bekennen und bezeugen. Das brachte bei manchem Facharbeiter und auch einigen früheren Freunden einiges Kopfschütteln hervor. Trotz manchem Unverständnis war sein Glaube und seine Liebe zu Jesus Christus fest gegründet. Oft sang er leise und mit innerer Überzeugung den Vers vor sich hin: »Ich hab einen herrlichen

Heiland / Er hilft mir, wo immer ich geh' / Ich muss seine Wunder bezeugen, / dass jeder, ja jeder sie seh'.«

In späteren Jahren sagte er manchmal, wenn er danach gefragt wurde, wie er denn diese schwierige Zeit überstehen konnte: »Es gehört zum Christsein und zur Nachfolge Jesu einfach dazu, dass man Hohn und Spott ertragen muss.«

Friedrich wollte in Alltag und Beruf nie als ein Drückeberger gelten, sondern durch gute Leistungen am Arbeitsplatz seinen Glauben erkennbar werden lassen und stand nach der Mittagspause ganz selbstverständlich als Erster wieder am Arbeitsplatz. Sein Meister kam nicht darum herum, ihn und seine guten Leistungen zu würdigen und anzuerkennen.

Ein drittes Hindernis hatte er zu bestehen. Seine Zeit war überschattet von einer heraufkommenden Wirtschaftskrise. Mancher Arbeiter war hart davon betroffen und wurde arbeitslos in der Weimarer Republik. Viele Menschen verloren ihre Arbeitsstelle und waren dadurch sehr unzufrieden und suchten dann im Alkohol und im Wirtshaus ihre Zuflucht. Doch Friedrich ließ sich als Christ nicht in den Strudel des damaligen Zeitgeistes hineinziehen. Er fühlte sich, trotz einiger Probleme, als Zainener Junge in die dörflichen Strukturen seiner Heimat eingebunden. Er wollte nicht unbedingt seinen Ort verlassen, wie mache seiner Schulfreunde es taten, um in der Stadt ein besseres Leben zu finden. Nein, er wollte seiner Heimat treu bleiben.

Der Anstoß zum vollzeitlichen Dienst

Regelmäßig kamen Prediger und Missionare zum Verkündigungsdienst nach Maisenbach. Einer von ihnen war Missionar Schoppe. Er erzählte in einer Missionsstunde, wie Jesus in sein Leben trat und ihn verändert hatte und was das ganz praktisch für ihn bedeute.

Missionar Schoppe zeigte in einer Sonntagnachmittagsstunde den Besuchern drei Bilder eines an Jesus gläubigen Malers aus China und illustrierte damit seine Botschaft. Die Bilder zeigten folgende Situation: Ein Heide war in eine tiefe Grube gefallen und konnte sich nicht befreien. Da kam Konfuzius, der chinesische Morallehrer und Philosoph, des Wegs. Der Gelehrte sah den Unglücklichen und gab ihm gute Ratschläge: »Sieh zu, wie du herauskommst. Wenn du das nächste Mal hier vorbeigehst, dann pass besser auf.« Mit diesen Worten schritt er erhobenen Hauptes weiter.

Nach einer Weile kam Buddha. Er sah den Pechvogel in der tiefen Grube und redete ihn an: »Mein Lieber, arbeite dich bis zum Rande hoch, dann kann ich dir vollends heraushelfen.« Der arme Mann konnte sich aber nicht so weit hocharbeiten. Und auch Buddha setzte seinen Weg fort und überließ den Unglücklichen seinem Schicksal.

Schließlich kam Jesus vorbei. Wieder rief der Verunglückte um Hilfe. Was tat der Herr? Er legte sich flach auf die Erde, neigte den Oberkörper über den Grubenrand, streckte seinen Arm nach unten und bekam die Hand des Unglücklichen zu fassen. In dem Augenblick war der Mann gerettet.

Mit diesen drei chinesischen Bildern wird der Unterschied zwischen dem Moralphilosophen Konfuzius, dem Selbsterlöser Buddha und dem Heiland der Welt bezeugt. Wir haben damit ein wesentliches Stück der christlichen Botschaft vor uns. Alle Religionsstifter der Weltgeschichte geben moralische Anweisungen, wie der Mensch sich selber helfen soll. Jesus hilft! Das ist die Frohe Botschaft.

Nach diesem Missionsvortrag entwickelte sich zwischen Missionar Schoppe und dem jungen Goldschmied eine herzliche Verbindung.

Für Friedrich Nothacker war klar geworden, nur Jesus rettet und sein Wort ist alleinige Richtschnur fürs Leben. Eifrig arbeitete er im Jugendbund und in der Gemeinschaft mit. Die Gemeinschaftsleute hatten ihre Freude an ihm.

Seit seiner Entscheidung für Christus las er jeden Morgen und jeden Abend fleißig Gottes Wort, denn er brauchte die geistliche Nahrung. Durch das Lesen der Heiligen Schrift und den Besuch der Versammlungen wurde er zugerüstet zur Verkündigung des Evangeliums. Immer freute er sich während der Woche auf die Bibelstunde, die am Sonntag stattfand. Auch nahm er sich stets Zeit zum Besuch der Gebetsstunden. Ihm war klar geworden, dass die Gemeinschaft mit den Gläubigen dringend nötig ist. Bei brüderlichen Gesprächen erkannte er, dass das Erbe von Glaubensvätern (wie Liebenzell lehrt) nicht verschleudert werden durfte. Einige ihrer Grundsätze wurden ihm besonders wichtig:

1. Vor der Bibel hatten sie Respekt, weil sie Gottes Wort ist.
2. Eine klare Entscheidung für Jesus (Bekehrung) ist dringend nötig.
3. Jeder Gläubige muss innerlich wachsen und reifen (Heiligung).
4. Die Gemeinde Jesu braucht für die Mission einen brennenden Eifer.

5. Israel ist Gottes erwähltes Volk (Johannes 4,22b).
6. Irrlehren dürfen nicht geduldet werden.

Der junge Mann nahm den Rat reiferer Brüder gern an, gleich, ob er von einfachen oder gebildeten Leuten weitergegeben wurde. Er wusste, Korrekturen sind immer nötig.

Nach einem wichtigen Gespräch mit Missionslehrer Wilhelm Heinsen schrieb er an Pfarrer Heinrich Coerper in Bad Liebenzell, den Leiter der Liebenzeller Mission. In seinem Brief legte der Einundzwanzigjährige dar, dass Gott ihn eindeutig in seinen Dienst berufen habe. Die Missionsleitung möchte ihm die Bewerbungsunterlagen schicken. Ihm war klar, wenn sein Herr ihn rief, dann würde er auch den Weg bereiten.

KAPITEL 2

Vom Goldschmied zum Prediger (1923–1927)

Seine Berufung

Friedrich Nothacker war seiner Berufung (nach Bad Liebenzell) eindeutig gewiss. In der Bibel hatte er schon oft gelesen, wie wunderbar der Herr den Seinen durchhalf. In den Stunden der Anfechtung erinnerte er sich der Geschichte des Volkes Israel, wie es am Roten Meer die Hilfe des allmächtigen Gottes erfuhr.

Sollte er nicht auch wie Mose diesem allmächtigen Gott unbedingt vertrauen? Diese Geschichte der Heiligen Schrift stärkte seine Liebe und sein Vertrauen zu dem unwandelbaren Gott. Für ihn gab es keinen anderen Weg, als in den vollzeitlichen Dienst seines Herrn zu treten. Die Liebenzeller Mission hatte er von ganzem Herzen lieb gewonnen. Wenn Missionare in Maisenbach Zeugnis vom Sieg Jesu über die Macht der Finsternis gaben, war er jedes Mal tief ergriffen. Sein Herz brannte für Jesus.

Seine Bewerbungsunterlagen hatte er 1922 nach Bad Liebenzell zur Missionsleitung gesandt. Nun wartete er auf die Nachricht von Pfarrer Coerper. Die Freude war groß, als von Bad Liebenzell die Nachricht eintraf, er solle am 17. Juli 1923 auf den Missionsberg kommen. Nicht jeder junge Mann, der sich bei der Mission bewarb, konnte Aufnahme finden. Bei Friedrich ebnete sein Herr den Weg. Seinem Chef in Pforzheim lag alles daran, seinen zuverlässigen und fleißigen Mitarbeiter zu behalten. Oftmals versuchte er ihn umzustimmen, indem er seine sichere Stellung in der Arbeitslosenzeit darlegte: »Nothacker, ich hab mehr Erfahrung als du. Ich weiß, dass du von den Frommen bald die Nase voll haben wirst!« Er bot ihm für den Fall sogar die Möglichkeit einer Rückkehr an seinen Arbeitsplatz an: »Wenn es dir zu dumm wird, dann komm wieder zu mir!« Doch alle Versuche, ihn umzustimmen, halfen nicht. Friedrich war seines Weges gewiss. Sein Leben sollte Gott allein zur Verfügung stehen.

Im Missionshaus

Ein neuer Lebensabschnitt begann. Seine Zurüstung zum Verkündiger des Evangeliums. Mit 21 Jahren betrat er den Missionsberg in Bad Liebenzell. Sehr schnell hatte er sich eingelebt.

Aus seiner Missionshauszeit soll einiges herausgehoben werden. Die Gebetsgemeinschaft mit einigen Brüdern brauchte er als tägliche Nahrung. Oft beteten sie auf den Knien bis Mitternacht.

Friedrich lag es sehr am Herzen, seinen Herrn wiederzulieben, der ihn zuerst geliebt hatte. Er wollte sich von seinem Herrn den Weg zeigen lassen, um ihm recht dienen zu können.

Sein Lehrer Wilhelm Heinsen

Ein Mitschüler von Friedrich Nothacker hat »Lehrer Heinsen«, wie sie ihn nannten, wie folgt beschrieben:

»Wilhelm Heinsen war ein korrekter, oft strenger Lehrer, der mit einem großen Wissen ausgerüstet war. Er gab sich viel Mühe mit den Schülern, besonders mit denen, die keine höhere Schulbildung besaßen. Oft war in seinem Eingangsgebet der Satz zu hören: ›Herr, zäume die Lücken unseres Wissens‹! Obwohl Herr Heinsen fast ausschließlich ›säkulare‹ Fächer unterrichtete, hatte er die Gabe, Strahlen aus der ewigen Welt aufleuchten zu lassen. Das geschah hauptsächlich bei den Leseübungsstunden. Er sagte öfters: ›Ihr müsst das Wort Gottes so vorlesen, dass es durch die Betonung keiner Auslegung mehr bedarf.‹ Ferner legte er großen Wert auf die sorgfältige Vorbereitung für die Verkündigung. Er verglich sie mit der schmackhaften Zubereitung des Essens durch die Hausfrau.

Heinsen war ein demütiger Mann. Er wohnte jahrelang zusammen mit den Seminaristen auf einem Stock im Missionshaus. Sein Zimmer trug den Namen ›Demut‹. (Die verschiedenen Zimmer tragen heute noch die Namen der Früchte des Heiligen Geistes.) So streng Herr Heinsen im Unterricht auch war, so väterlich konnte er außerhalb sein. Alle, die er schon vor dem Eintritt ins Missionshaus kannte, redete er mit Vornamen an.«[5] Was in dieser Biografie besonders hervorgehoben werden muss: Wilhelm Heinsen war Friedrichs Nothackers Lehrer, Seelsorger und väterlicher Freund. Friedrich hatte ihm unendlich viel zu verdanken. Hatten die Schüler im Missionshaus Sorgen und Nöte, so suchten sie Herrn Heinsen auf und sprachen sich bei ihm aus. Er hatte immer Zeit, er war ein echter Seelsorger. Heinsen hatte – für die damalige Zeit – eine besondere Beziehung zu Israel. Er war selbst in Israel gewesen und hielt Bibeltage mit seinem Modell der Stiftshütte des Alten Bundes. Eines seiner Büchlein hatte den Titel »Hinauf nach Jerusalem«. Ob er bei Friedrich zu dessen späterer Berufung etwas beigetragen hat, wird die Ewigkeit zeigen.

Heinsen wurde am 22. Juli 1879 geboren. In Holstein, in einem kleinen Dorf, stand sein Elternhaus. Nach dem Präparandum kam er an das Lehrerseminar. Dort lernte er einen echten Christen kennen. Sehr oft hatte er den Wunsch, diesem Mann im Glauben gleich zu sein.

Nach seiner bestandenen Prüfung bekam er zwei Lehrerstellen. Die erste war Rethwischfeld und die zweite Vollstedt. In den Dörfern verteilte er eifrig christliche Blätter. Auch wurde er von den gläubigen Christen unter Gottes Wort eingeladen. Dort hörte er von Bad Liebenzell und bestellte das Missionsblatt »Chinas Millionen«. Auf einer Konferenz für gläubige Lehrer lernte er Pfarrer Coerper kennen, dessen Botschaft ihn sehr bewegte. Von diesem Zeitpunkt an las er eifrig in der Bibel. Auch die entschiedenen Christen am Ort bemerkten die inneren Kämpfe des Junglehrers. Durch Pastor

---

5 Arno Pagel, Sein Ruf hat uns getroffen. Verlag der Liebenzeller Mission, Bad Liebenzell 1989, S. 126.

Andersen, der bei einem Missionsfest in Breklum sprach, erkannte er sein Verlorensein. Sechs Monate dauerte das Ringen, bis er Jesus als seinen Heiland im Glauben erfassen konnte. Man schrieb Oktober 1903. Von dieser Zeit an hatte er ein geöffnetes Haus für Pfarrer, Missionare und Prediger.

Pfarrer Coerper suchte junge Lehrer für das Liebenzeller Missionswerk. Er fragte Heinsen, der inzwischen in dem Werk für Gehörlose von Frau Maria Sprenger in Dinglingen arbeitete, ob er nicht bereit sei für diesen Dienst. 1912 nahm er den Ruf nach Bad Liebenzell an. Friedrich Nothacker war immer davon überzeugt: »Herr Heinsen war der richtige Lehrer am rechten Platz. Ihm verdanke ich auch sehr viele seelsorgerliche und praktische Ratschläge.«

Auch Günther Nothacker, ein Neffe Friedrich Nothackers, berichtet, wie wertvoll die Ausbildung in Bad Liebenzell für seinen Onkel war. Erst im Nachhinein kann man dies richtig erkennen, in welcher Breite sein Onkel wirken konnte. Durch seine gute Ausbildung in Bad Liebenzell hatte er eine so weite Sicht bekommen, die bis nach Israel reichte. Seinen Einsatz in Israel und für die KZ-geschädigten Juden konnte er deshalb so erfolgreich durchführen, weil er bereit war, Gott zu gehorchen und dies auch in die Tat umgesetzt hat.

Doch kommen wir zurück zu Friedrichs Lehrer, Wilhelm Heinsen. Bis heute stößt man auf die Spuren dieses Mannes im Land. Er war ein gesegneter Mensch und ein unermüdlicher Beter. Zu Friedrich Nothacker sagte er vor dem Zweiten Weltkrieg: »Friedrich, dreimal am Tag werde ich für dich beten, dass deine Frau dich wiedersehen darf.« Hier kann man sehen, was das ehrliche Gebet vermag.

Die Unterrichtsstunden von Missionslehrer Heinsen trieben den jungen Zögling Friedrich zur Selbstprüfung. Ihm wurde klar, dass tüchtige und brauchbare Werkzeuge Gottes von echter Demut geprägt sind. Bei seinem Lehrer Heinsen waren diese Wesenszüge erkennbar. Beladene, Angefochtene, Unglückliche bekamen durch den Besuch in seinem Sprechzimmer wieder Trost und Freude.

Eines Abends im Jahr 1924 saß Friedrich wegen einer inneren Not in Heinsens Zimmer. Er wusste nicht so recht, wie es bei ihm weitergehen sollte. Herr Heinsen hörte ihm geduldig zu. Nach einiger Zeit sagte er zu Friedrich: »Wir gehen jetzt auf unsere Knie und beten, dann werden wir bald einen Weg finden, der der richtige für dich ist.« Nach dem Gebet war es Friedrich leichter ums Herz. Der Gottesmann hatte recht: Den Menschen, die Gott um seine Hilfe bitten, denen erweist er sich als der gütige und gnädige Gott.

Als sechzigjähriger Mann erzählte Friedrich Nothacker einem Bekannten über Heinsen: »Ein korrekter Mann war er. Gehorsam und Demut waren seine Erscheinungsmerkmale, die jeder entschiedene Christ braucht. Er forderte ganze Treue und echte Liebe zu Jesus und seinem Werk. Missionare und Prediger müssen Diener und nur Diener sein ihres Herrn.«

Von 1912 bis 1959 wirkte Lehrer Heinsen im großen Segen in der Liebenzeller Mission und darüber hinaus.

Heinrich Coerper

Eine zweite entscheidende Persönlichkeit im Leben von Friedrich Nothacker muss genannt werden: Pfarrer Heinrich Coerper, Gründer und langjähriger Leiter der Liebenzeller Mission. Als Überschrift über sein Leben könnte folgender Satz stehen: Pfarrer Coerper, ein Mann, der unzähligen Menschen zum Segen wurde. Seine Schüler und Freunde gaben das Urteil über ihn ab: »Pfarrer Coerper ist ein Mann der Heiligung und Vollmacht.« Von ihm wusste man, dass er morgens um 5 Uhr das Licht brennen hatte. Alle auf dem Missionsberg und die Missionare wussten: »Unser Leiter betet alle Anliegen des Werkes durch.«

Es lag Heinrich Coerper, dem Leiter der Mission, besonders am Herzen, dass junge Menschen herangebildet werden, die zum vollzeitlichen Dienst geeignet sind. Im Ausbildungsprogramm der künftigen Prediger und Missionare sollte es sich nicht in erster Linie um Kopfwissen handeln, sondern es sollten Persönlichkeiten herangebildet werden, die dann einen guten Dienst in der Verkündigung und Seelsorge ausüben könnten. Viele begabte junge Leute meldeten sich bei Pfarrer Coerper und wurden dann auch in Bad Liebenzell ausgebildet.

Die Stellung zur Heiligen Schrift

Friedrich Nothacker war der Unterricht von Pfarrer Coerper immer sehr wichtig. Ihn beeindruckte vor allem, wie er mit Gottes Wort umging und was das für ihn und sein persönliches Leben bedeutete. Für ihn war die Bibel Gottes Wort und das durfte niemals infrage gestellt werden.

Ein Beispiel kann dies sehr gut wiedergeben: Professor Karl Heim erzählt in seinen Lebenserinnerungen, wie er mit anderen Studenten nach Frankfurt a. M. zu einem Vortag von Hudson Taylor fuhr. Anschließend umringten die Studenten den Vortragenden mit der Frage, wie er denn so schlicht und einfach mit der Bibel umgehen könne, als gebildeter Mensch wisse er doch um die Ergebnisse der kritischen Forschung. Hudson Taylor gab eine schlichte Antwort: »Wenn Sie wieder nach Tübingen zurückfahren wollen, dann schlagen Sie das Kursbuch auf und suchen den passenden Zug. Sie stellen keine gelehrten Untersuchungen an, wer die einzelnen Verfasser und Quellen des Buches sind und ob man sich auf ihre Angaben verlassen kann. Sie gehen zum Bahnhof, finden den angegebenen Zug und fahren heimwärts. Genauso mache ich es mit der Bibel, ich nehme sie wörtlich, richte mich nach ihren Verheißungen und Anweisungen und bin immer gut damit gefahren.« – Diese einfache Antwort, hinter der ein langes Leben in Nöten und Gefahren stand, machte einen großen Eindruck auf uns. So schreibt Professor Karl Heim, und das war auch die Meinung von Pfarrer Coerper.

Praktikum in Ulm

Nach Abschluss seiner Ausbildung am Seminar kam Friedrich Nothacker zum Praktikum nach Ulm/Langenau. »Probedienst« – so nannte man die praktische Ausbildung, die die Absolventen in einem Gemeinschaftsbezirk abzuleisten hatten. Am 26. April 1926 trat Friedrich seinen Dienst dort an. Jedoch hatte Friedrich keinen einfachen Vorgesetzten.

Lassen wir Luise Nothacker berichten (sie erzählte es später ihrem Neffen Günther Nothacker, der uns sein Wissen zur Verfügung gestellt hat): »Während seines Dienstes in Ulm war er noch unverheiratet und dem dortigen Gemeindeleiter zur Hilfe zugeteilt. Dieser Prediger genoss in der Zentrale großes Ansehen. In seiner Gemeinde war er der ›uneingeschränkte Herrscher‹. Er legte Onkel Fritz (so nannte ihn sein Neffe) bei seinem Dienstantritt einen Revers zur Unterschrift vor, wonach er stets alle Anweisungen von ihm ohne

›Wenn und Aber‹ zu befolgen hätte. Onkel Fritz unterschrieb diesen Revers jedoch nicht, weshalb er bei dem Gemeindeleiter sofort in Ungnade fiel. Während einer fiebrigen Grippeerkrankung kündigte ihm sein Vorgesetzter das Zimmer und verlangte den sofortigen Auszug. Unter diesen Umständen war seine Mitarbeit in der Ulmer Gemeinde nicht lange möglich, sodass Onkel Fritz schon nach kurzer Zeit wieder nach Bad Liebenzell zurückkehrte. Weil er bei dem Prediger sozusagen seine Probezeit nicht bestanden hatte, war sein Ansehen in der Liebenzeller Zentrale dann ebenfalls lädiert.« Doch dann trat etwas Überraschendes ein, womit niemand gerechnet hatte – der tragische Tod des leitendenden Predigers in Ulm.

»Nach dem plötzlichen Tode ihres Leiters erinnerten sich die Gemeindeältesten in Ulm noch an den jungen Missionar und ›Hilfsprediger‹ aus Bad Liebenzell und forderten Onkel Fritz kurzfristig beim Missionswerk zum Dienst in Ulm an.«[6] Friedrich Nothacker tat dann einen wertvollen und gesegneten Dienst in Ulm bis Februar 1927 und wurde dann auch wieder von der Missionsleitung in Bad Liebenzell geachtet und anerkannt. Anschließend wirkte er kurz in Böblingen. Von Oktober 1927 bis Juni 1932 war er als Prediger in Nördlingen/Ries.

Einsegnung zum Dienst

Am 4. November 1928 wurde Friedrich Nothacker eingesegnet. Diese Abordnung zum Dienst am Evangelium war für ihn etwas Besonderes.

---

6 Günther Nothacker, aus persönlichen Aufzeichnungen.

In den Unterlagen der Liebenzeller Mission fand sich dazu Folgendes: »Die Aussendung unserer Geschwister auf das Missionsfeld oder in den Heimatdienst ist jedes Jahr mit einem Abordnungsfest verbunden. Die Geschwister geben dabei ein Zeugnis und erzählen, wie sie zu Jesus und zur Mission gekommen sind. Anschließend werden sie unter Handauflegung eingesegnet und dann zum Dienst ausgesandt.«

Dieses besondere Ereignis hat Friedrich Nothacker fortan bestimmt. Er hat auch immer wieder davon gesprochen und gesagt: »Ich bin ein Berufener Gottes – meines Herrn!« Die Liebenzeller Bruderschaft, in die er damit zugleich eingetreten war, gab ihm von da an Halt, Trost und Zuversicht für seine vielfältigen Aufgaben und Dienste.

KAPITEL 3

Seine Frau Luise Nothacker, geb. Föhl (1903–1994)

Eine Frau, von Gott berufen

Friedrich Nothacker lernte seine Frau Luise auf dem Missionsberg näher kennen. Sie machte ebenfalls bei der Mission eine Ausbildung als Missionsschwester. Sie stammte aus einer Bäckersfamilie aus Ludwigsburg und hatte noch zwei Geschwister, ihre ältere Schwester Berta und ihren jüngeren Bruder Otto. Otto lernte das väterliche Handwerk des Bäckers und Konditors und übernahm das Bäckergeschäft.

Lassen wir Luise Nothacker selbst berichten: »Gott, der Herr, schenkte mir in seiner Gnade christliche Eltern. Ich lernte früh beten. Von meinem siebten bis zum vierzehnten Lebensjahr besuchte ich die Volksschule in Feuerbach. Auch ließen mich meine Eltern als Kontoristin in einer Stuttgarter Handelsschule ausbilden.

Bereits drei Jahre war ich in meinem Beruf tätig. In der übrigen Zeit war ich daheim im Haushalt und im Geschäft der Bäckerei beschäftigt.

Als ich 14 Jahre alt war, trat mir Gott, der Lebendige, in seiner Gnade in den Weg. Bis dahin wusste ich noch nichts von lebendigem Christentum. Wohl trat ich mit dem festen Vorsatz ins Leben, mein Konfirmationsgelübde treu zu halten. Ich ging gern in die Kirche, doch nur darum, dass Gott mit mir zufrieden sein sollte. Befriedigung fand ich nicht darin, war doch mein Herz ferne von Gott. Ich glaubte, dieselbe könnte mir nur weltliche Vergnügung bieten. So suchte ich denn dort mein Glück, fand es aber nicht, es machte sich desto mehr die Öde und Leere meines Herzens bemerkbar.

Wenn ich heute zurückblicke auf diese Zeit des Umherirrens, so kann ich nicht genug die Gnade Gottes rühmen, die mich in jener Zeit bewahrt hat, war ich doch meiner Kindlichkeit beraubt und frönte der Eitelkeit und Augenlust und hoffärtigem Wesen.

Wie sie Christus fand

Eines Tages wurden meine Mutter und wir beiden Töchter von einer Nachbarsfrau zu einer Evangelisation der ›Süddeutschen Vereinigung‹ eingeladen, der wir Folge leisteten. Dort hörte ich Worte, die mir vorher nie zu Ohren gekommen waren. Der erste Lichtstrahl fiel hinein in mein Herz. Ich war damals erst 14½ Jahre alt, doch so viel verstand ich von der Wortverkündigung, dass ich, so wie ich war, nicht vor Gott bestehen kann, dass mir der lebendige Heiland fehlt. Um noch mehr von dieser frohen Botschaft zu hören und um vielleicht auch das Glück und den Frieden, den die anderen besaßen, zu finden, besuchte ich von da ab die Versammlungen derselben Gemeinschaft; nicht, weil ich etwa von zu Hause dazu aufgefordert wurde. Doch es dauerte über ein Jahr, bis ich Frieden fand, bis ich Vergebung erlangt hatte für meine Schuld.

Aber nicht lange durfte ich diesen Frieden mein Eigen nennen. In meiner Verkehrtheit meinte ich, jetzt bleiben die Sünden weg. Doch die Versuchungen kamen immer wieder, die Sünde gewann wieder Macht über mich, die Kraftquelle zum Überwinden kannte ich nicht, und so ließ ich mir vom Teufel einflüstern, ich sei ja kein Gotteskind.

Hilfe in der Not

Der treue Herr brachte mich jedoch wieder zurecht nach geraumer Zeit, denn Er konnte ja dieses Jammerleben nicht mehr mit ansehen. Durch ein liebes Gotteskind ließ Er mir den Glaubensweg zeigen.

Im Zelt in Stuttgart im Jahr 1919 (bei Jakob Vetter) übergab ich mich von Neuem dem Herrn im Glauben. Bleibender Friede und immer mehr zunehmende Freude wohnte nun in mir. Gottes Geist arbeitete weiter treu an und in mir. Er wirkte Wollen zum Guten; aber da war kein Vollbringen. Ich war auch so flatterhaft. Ich wusste das und bat den Heiland, er möge doch eingreifen und wenn er eine Krankheit oder sonst was dazu gebrauchen möchte, damit ich ernster gesinnt würde. Der Herr nahm mich beim Wort und ließ mich ernstlich erkranken. Da, in der Stille, redete er mit mir, besonders durch Schriften von Pfarrer Ernst Modersohn, die mir die ersten Anleitungen zur Heiligung gaben.

In Möttlingen

Zur weiteren Genesung kam ich für drei Wochen nach Möttlingen in die Rettungsarche (die Rettungsarche ist bis heute ein Freizeitheim für suchende und belastete Menschen). Das war zur selben Zeit der rechte Ort für mich. Ich hatte es so richtig nötig, dass mir mal jemand die Wahrheit in ihrer derbsten Form ins Gesicht sagte. Der Herr konnte mir so recht mein hochmütiges, eitles, durch und durch verdorbenes Herz zeigen. Er schenkte mir Gnade zur Buße und reinigte mich tiefer und vermehrte mein Glück.

Mit traurigem Herzen denke ich daran, wie oft ich den Heiland betrübte und wie viel ich ihm Mühe verursachte, bis ich endlich willig war, daheim im täglichen Leben den untersten Weg zu gehen. Wie oft lief ich in verkehrter Weise zu Geschwistern, um Rat zu holen und um schließlich eine für mein ›Ich‹ angenehme Antwort zu erhalten. Wieder war es der treue Herr, der mich mit Schrecken erkennen ließ, wie viel Unheil ich anstellte und ihm Schande machte dadurch, dass ich immer mein Recht behaupten wollte, dass ich nicht ›sterben‹ wollte. Ich bekam Gnade zur Beugung und willigte ein. Als der Herr meinen Willen hatte, konnte mir geholfen werden, wurde mir Kraft zum Stillesein zuteil.

Was mir Jesus bedeutet

Durch Jesu treues Wirken in mir, das Lesen und Hören seines Wortes führte er mich tiefer hinein in seine Gnade. Je länger je mehr wurde mir die Erlösung aufgeschlossen. Immer wieder deckte der Heilige Geist neue Sünden und Verkehrtheiten auf. Ich bin davon überzeugt, dass in mir nichts Gutes wohnt und dass ich von mir nichts Gutes zu erwarten habe. Meine Heiligung ist Jesus. Auch manche dunkle Wege musste er mich führen und viele Schwierigkeiten in den Weg stellen, auch heute noch, um in sein Bild umgestaltet zu werden. Der Heiland hat mich das Danken dafür gelernt so nach und nach.

Durch Gottes Gnade und vor seinem heiligen Angesicht darf ich bezeugen, dass ich mit jeder erkannten Sünde gebrochen habe. Für die Sünde, die meinem Heiland das Leben gekostet hat, bin ich nicht mehr zu haben, und wäre sie noch so klein. In ihm und im Blick auf den Glauben auf seinen Sieg habe ich Sieg und eine Niederlage, wenn ich mich nicht durch ihn bewahren lasse. Ich glaube und weiß, dass Jesus in mir sein Leben und seine Liebe wirkt. Ich will nur für ihn da sein, um unsterbliche Seelen für das Lamm zu gewinnen aus Liebe zu ihm, durch Gebet und Zeugnis.

Im Blick auf Letzteres wäre ich auch bereit gewesen, mich ganz in den Dienst des Herrn zu stellen, falls er mich gebrauchen möchte zu seiner Verherrlichung. Doch in meinem Herzen blieb es still, und ohne einen Ruf vom Herrn zu haben, wollte ich mich nicht melden, um ja keinen eigenen Weg zu gehen.

Voriges Jahr, in einer kleinen Missionsversammlung, legte mir der Herr die Not der armen Frauen Chinas so aufs Herz, dass ich sie nicht mehr loswurde. Doch damit wusste ich ja noch nicht, ob gerade mich der Herr senden will. Bei der Abordnung letztes Jahr rief er mich dann in die Mission. Ich weiß, dass es keine Begeisterung war, denn ich bat den Herrn, es wieder zu verwischen, wenn es Eigenes sei. Dies war nicht der Fall. Mit Erlaubnis meiner Eltern meldete ich mich hiermit zur Mission für China. Doch wie der Herr will; ich bin bereit, ihm auch in der Heimat zu dienen.«

Soweit das Lebenszeugnis von Luise Nothacker.

Erste Begegnung von Friedrich und Luise

Dazu ist folgende Episode überliefert: Ein guter Freund meinte eines Tages zu Friedrich Nothacker: »Es wird Zeit, dass du heiratest!« Sein Freund war längst im Stande der Ehe. Bei einer anderen Gelegenheit forderte er Fritz heraus: »Du, Fritz, eine Frau fällt einem nicht so einfach zu – du musst auch etwas dazu tun!« Dies beschäftigte ihn sehr nach dieser Begegnung und ließ ihn nicht mehr los. Er fragte Gott und wollte sich von ihm die rechte Weisung geben lassen. Kurz darauf nahm Friedrich an einer Konferenz teil. Im Anschluss gab es Kaffee und Kuchen. Viele junge Menschen arbeiteten mit und schenkten auch Kaffee aus. Friedrich Nothacker sagte sich, die junge Frau, die meine Tasse nur halb füllen wird – ist die Richtige! Als er an die Reihe kam, sagte er zu der hübschen jungen Dame, die ihn bediente: »Bitte – meine Tasse nur halb füllen!« Und bis er sich recht besinnen konnte, war seine Kaffeetasse auch nur halb voll geworden. Jetzt war ihm klar: »Das ist ein Wink vom Herrn!«

Später, als Luise und Friedrich längst verheiratet waren, sagte er zu seiner Frau: »Weißt du, wie ich erkannte, dass du meine Frau werden solltest? Du hast gehorcht und hast meine Kaffeetasse nur halb gefüllt.« Luise entgegnete ihm: »Ich konnte dir damals nicht mehr in deine Tasse einfüllen, denn meine Kaffeekanne war nach der halben Tasse leer.« Dieses Ereignis wurde in Maisenbach nachher immer wieder mal schmunzelnd erzählt.

Am Missionsseminar

Von September 1927 bis Juni 1930 besuchte Luise Nothacker das Missionsseminar in Bad Liebenzell. Am meisten war sie von einer Predigt Pfarrer Coerpers beeindruckt.

Sie erzählte es einige Jahre später, was ihr dabei wichtig wurde: »Der Predigttext und die Auslegung von Pfarrer Coerper blieb mir lange im Gedächtnis haften und begleitete mich über viele Jahre. Er sprach über Jesaja 53,1, wo es heißt: ›Aber wer glaubt dem, was uns verkündet wurde, und wem ist der Arm des Herrn offenbart?‹

Wie liebevoll verstand es doch Pfarrer Coerper mit seinen leuchtenden Augen, die Hörer durch das Thema zu fesseln und für den Herrn zu werben. Es kam mir damals gerade so vor, als stünde der Herr selbst vor mir und fragte mich, ob ich seinem Wort glaubte. Ich bejahte das Zeugnis aus tiefstem Herzensgrund. Johannes Blank war zugegen und hat in seiner lebendigen Art und Weise das Wort unterstrichen, indem er in seinem Schlusswort laut in den Raum rief: ›Glaub's! Glaub's!‹«

KAPITEL 4

Prediger des Evangeliums (1932–1936)

Ab Juni 1932 wurde Friedrich Nothacker nach Nürnberg als Prediger berufen. Die Erste Vorsitzende der Gemeinschaft in Nürnberg war Fräulein Luise Seifert. Schon seit 1911 stand sie mit Pfarrer Heinrich Coerper in persönlicher Verbindung.

Die Zusammenkünfte fanden in einem gemieteten Brauereisaal in der Langen Gasse statt. Regelmäßig hielt der bekenntnistreue Kirchenrat Hermann Galsterer (1878–1961) die wöchentliche Bibelstunde, zu der auch sehr viele Männer kamen.

Durch einen gesegneten Dienst und durch eine Evangelisation von Pfarrer Ernst Uhlig aus Bad Liebenzell vergrößerte sich der Kreis in Nürnberg. Der Vorstand entschloss sich daher, einen Prediger aus Bad Liebenzell anzufordern. Im Herbst 1930 kam Bruder Gustav Ziegenhagen. Nach dessen Versetzung an eine andere Stelle wurde Friedrich Nothacker zum Predigtdienst in Nürnberg eingesetzt.

Ein Meilenstein wurde gelegt, als das Anwesen Schonhoverstraße 5, mit Hofraum, gekauft werden konnte. Der neu gebaute Saal wurde im Juli 1931 eingeweiht. Seiner Festansprache legte Pfarrer Coerper 1. Petrus 2,3-7 zugrunde, wobei er den letzten Vers so übersetzte: »Euch, den Glaubenden, gehört diese Kostbarkeit.« Das neue Pflänzlein erhielt den Namen »Christliche Gemeinschaft innerhalb der Landeskirche e. V.«.

In dieser Zeit legte Lehrerin Seifert den Vorsitz der Gemeinschaft in die Hand des Predigers.

Deshalb hatte Friedrich Nothacker ab diesem Zeitpunkt die ganze Verantwortung der Gemeinde zu tragen. Er arbeitete gern und manchmal zu viel im Dienst, sodass er ab und zu an die Grenzen seiner Kräfte stieß.

Friedrichs Begabung lag in erster Linie darin, sehr volkstümlich originell die Botschaft des Evangeliums weiterzusagen. Seine Bibelstunden, die er hielt, fanden guten Anklang. Überall, wo er Dienst tat, waren junge und alte Leute interessierte Zuhörer.

Der Konflikt

Was Friedrich Nothacker in Nürnberg vor allem bedrückte, war die Propaganda von Julius Streicher, dem puren Judenfeind. Er hasste die Juden und betrieb schlimme Hetze in seinen Äußerungen und Veröffentlichungen.

Dieser Hass von Streicher gegen die Juden war natürlich nicht einfach für einen bibeltreuen Mann wie Friedrich Nothacker. Denn auch nach der Machtergreifung Hitlers galt immer noch das

Wort Jesu, das in der Bibel steht: »Das Heil kommt von den Juden« (Johannes 4,22b).

Sofie Weiland, die Ehefrau von Evangelist Gottlieb Weiland, hat die folgende Begebenheit dazu erzählt: »Friedrich Nothacker und mein Mann Gottlieb Weiland waren gute Freunde. Kurz nach Hitlers Machtergreifung (30. Januar 1933) evangelisierte Gottlieb bei ihm in Nürnberg. Diese Evangelisation wurde bespitzelt, als Gottlieb Weiland sagte: ›Das Heil kommt von den Juden!‹ Nothacker und mein Mann mussten wegen dieser Äußerung bei einer Behörde antreten und sich rechtfertigen. Beide sollten begründen, warum sie diese Äußerung so vertreten – und warum sie so judenfreundlich seien. Mein Mann und Friedrich Nothacker waren sich einig und antworteten dort nach kurzer Überlegung mit folgendem Satz: ›Israel ist Gottes Volk, und wer das Volk Gottes angreift, der greift Gott selber an‹ (nach Sacharja 2,12). Daraufhin bekamen Nothacker und Weiland von diesen Leuten zu hören: ›In einigen Jahren werden wir sie (die Judenfreunde) schon kleinbekommen!‹«

Es war damals keine leichte Situation für gläubige Christen, die sich wie Nothacker und Weiland dazu geäußert haben.

Pfarrer Wilhelm Busch (1898–1966) beurteilte die damalige Situation so: »Hitler wollte den totalen Staat. Christen in der Kirche und in den Gemeinschaften wurden vor die Frage gestellt, wen sie als ihren Herrn anerkennen wollen: den Herrn Jesus Christus oder eine menschliche Größe. Das führte zu einem gewaltigen Konflikt, der unter dem Namen ›Kirchenkampf‹ in die Geschichte eingegangen ist.

Die staatliche Partei hatte eine Kirchenbewegung ins Leben gerufen, die sich ›Deutsche Christen‹ (DC) nannte. Im November

1933 wurden Kirchenwahlen ausgeschrieben. Mit allen Mitteln, mit Presse, Drohung und Gewalt versuchten die Deutschen Christen das Heft in die Hand zu bekommen. Schon im gleichen Jahr hatte sich in der Kirche eine Gegenbewegung gebildet, die ›Bekennende Kirche‹ (BK). Diese BK war ohne staatlichen Schutz, ohne den Beistand der Presse, ohne menschliche Hilfe. Aber es war wie eine Erweckungsbewegung. Man sang neue Lieder. Man wagte es wieder, zu bekennen.«[7]

Wirkungsstätte Nürnberg

Jetzt müssen wir von der jungen Frau ein wenig erzählen, die dort an der Seite ihres Mannes in Nürnberg einzog. Sie hatten sich in Bad Liebenzell kennengelernt. Auch ihre Hochzeit fand in Bad Liebenzell, in der Stadtkirche, statt. Die Predigt hielt der Leiter der Liebenzeller Mission, Pfarrer Heinrich Coerper. Er erklärte und erläuterte von Psalm 118 die Verse 14–15, in welchen es heißt: »Der HERR ist meine Macht und mein Psalm und ist mein Heil. Man singt mit Freuden vom Sieg in den Hütten der Gerechten: Die Rechte des HERRN behält den Sieg.«

Vom Fest wird berichtet, dass es ein schöner Tag war, das Hochzeitsfest von Friedrich und Luise am 28. August 1932. Viele liebe Freunde waren von allen Seiten herbeigekommen, um mitzufeiern. Doch schon bald nach dem wunderschönen Fest ging es wieder zurück in die fränkische Metropole, um dort gemeinsam ihren

---

[7] Wilhelm Busch, Johannes Busch, ein Botschafter Jesu Christi. Aussaat Verlag GmbH, 1957, S. 115.

Dienst aufzunehmen. Nürnberg war also nun das neue Arbeitsfeld, auf dem Luise und ihr Mann wirken konnten. Sie fanden im Arbeiterviertel ihre neue Wohnung.

Doch nun müssen wir noch etwas einfügen, was Kurt Heimbucher in seinem Buch »Notizen aus meinem Leben« zur Stadt Nürnberg (vom »Schönen« und »Schweren« der Stadt) aufgeschrieben hat: »Martin Luther kam im Jahr 1518 auf seiner Reise nach Augsburg durch Nürnberg. 1530 hat der Rat der Stadt neben Reutlingen die ›Augsburger Konfession‹ unterschrieben. Nürnberg ist im Jahr 1525 zur Reformation übergetreten. Dankbar denke ich dabei an Männer, wie den Maler und Förderer der Reformation Albrecht Dürer, den Ratsschreiber Lazarus Spengler und den Prediger an St. Lorenz, Andreas Osiander.

Freilich hat Nürnberg auch eine schlimme und schwere Geschichte. Ich habe sie in meiner Kindheit und Jugend erlebt. Mir sind die Reichsparteitage in guter Erinnerung. Die Stadt war mit Hakenkreuzfahnen übersät. Im ›Deutschen Hof‹ neben dem Opernhaus hatte der Führer sein Quartier. Ich sehe noch, wie die Massen von Menschen, auch ich bin als Junge darunter gewesen, vor dem ›Deutschen Hof‹ standen, um Hitler zuzujubeln, der sich ab und zu auf dem Balkon im ersten Stock des Hotels zeigte.

Es waren die Tage der großen Aufmärsche, der gewaltigen Reden Adolf Hitlers. Nürnberg musste den zweifelhaften Ruhm, ›Stadt der Reichsparteitage‹ zu sein, teuer bezahlen.«[8]

---

[8] Kurt Heimbucher, Notizen aus meinem Leben. R. Brockhaus Verlag, Wuppertal und Zürich 1988, S. 14.

Der gemeinsame Dienst

Der gemeinsame Dienst der jungen Eheleute Nothacker in der Schonhoverstraße 5 war trotzdem eine gute Zeit. Über allem, was sie in diesem Lebensabschnitt für Gott wirken durften und was sie bei allen Überlegungen umtrieb, war doch immer die eine ganz wichtige Frage: »Herr, was willst du, dass wir tun sollen?«

In den wöchentlichen Gebetsstunden wurden die Anliegen und Sorgen der Gemeinde vorgebracht und Gott um seine Hilfe angefleht. Zu den vielen Aufgaben im Dienst zählten natürlich auch die Hausbesuche. Auch bemühten sie sich, keine Geburtstags- oder Krankenbesuche zu versäumen. Und wenn Menschen neu in die Gemeinschaft kamen, suchte man das Gespräch und bot praktische Hilfe an. Auch wurden Kinder, Jungscharler und Jugendliche erreicht und ihnen ein gutes Programm in der Gemeinschaft geboten. Für Nothackers galt ein Satz von Wilhelm Löhe als selbstverständlich: »Schäme dich nicht zu tun, was deines Amtes ist.«

Seine Freunde

Jetzt muss über Friedrich Nothackers vier gute Freunde etwas berichtet werden. Es waren dies Gottlieb Weiland, August Horeld, Wilhelm Bauknecht und Johannes Kretzschmar. Jeder von ihnen war ein Original, wie auch Friedrich Nothacker. Doch Gott konnte jeden in seinem Reich gebrauchen. Und wir wissen, erst am großen Tag der Ewigkeit wird es offenbar werden, wie viel Frucht sie für ihren Herrn bringen konnten. Sie kamen alle aus der Schule Pfarrer

Coerpers und jemand meinte: »Aus denen ist etwas geworden – sie haben wirklich viel Gutes bewirkt.«

Sofie Weiland, die Frau des Evangelisten Gottlieb Weiland, erzählte öfter eine Begebenheit, die sich wie folgt zugetragen hat: »Mein Mann Gottlieb hatte sich ein sehr schnelles Motorrad gekauft. Er raste damit oft ziemlich schnell zum Dienst und ich hatte oft die Sorge, hoffentlich passiert nichts und mein Mann kommt wieder gut zurück. So fuhr er an einem Montag sehr früh weg, um Friedrich Nothacker abzuholen und auf seinem Motorrad mitzunehmen. Die genannten fünf Liebenzeller Brüder wollten sich in Weidenbach (Mittelfranken) bei Bruder Bauknecht treffen, um einen Gebetstag in der Stille und unter Gottes Wort abzuhalten.

Und wie es manchmal so geht, es eilte sehr und Gottlieb fuhr ziemlich schnell nach Maisenbach. Friedrich Nothacker wartete schon vor dem Haus. Schnell stieg er auf das Motorrad und die Reise ging los. Doch nach wenigen Minuten merkte Gottlieb, dass der Platz hinter ihm auf dem Motorrad leer war. Tief erschrocken meinte er im ersten Augenblick, ›die Entrückung‹ sei geschehen (gemeint ist, was in 1. Thessalonischer 4,13-18 steht) und er hat sie verpasst und hat zurückbleiben müssen. Doch er kehrte sofort um und fuhr zurück und fand seinen Freund am Wegrand sitzend. Alle Knochen taten dem weh, denn nur kurz nachdem sie gestartet waren, war Friedrich Nothacker vom Motorrad gefallen. Gottlieb entschuldigte sich beim Freund für seinen unglücklichen Start mit dem Motorrad. Die Fahrt konnte erneut losgehen. Unter Gottes Bewahrung kamen sie beide dann doch noch sicher am Ziel an und der Gebetstag in Weidenbach konnte wie geplant stattfinden.«

KAPITEL 5

Neubeginn in Maisenbach (1936–1945)

Friedrich Nothacker hat seinen Dienst als Prediger in Nürnberg aus gesundheitlichen Gründen aufgeben müssen. So führte ihn und seine Frau ihr Weg im März 1936 in die alte Heimat von Fritz nach Maisenbach-Zainen zurück. Dort hatte er ein Grundstück geerbt, und auf dem entstand ein einfaches zweistöckiges Haus. Das Haus sollte für Gottes Sache zur Verfügung stehen, indem einige Gäste aufgenommen werden sollten, um ihnen Gottes Wort nahezubringen.

Im Wochenblatt von Ernst Modersohn »Heilig dem Herrn« hatten Nothackers schon einiges gelesen, wie solche Christlichen Häuser geführt wurden. Es gab in diesem Blatt Hinweise und Einladungen zu Freizeiten (auch an Wochenenden) unter Gottes Wort. Es wurde von Erlebnissen und Erfahrungen von Teilnehmern berichtet, die erzählten, wie sich ihr Leben bei einer Freizeit verändert hat und was das für sie ganz praktisch bedeutet. Diese Berichte beschäftigten Luise und Friedrich Nothacker sehr und es war ihr Wunsch, dass auch bei ihnen in Maisenbach so etwas geschieht.

Das Haus Bethel[9] in Maisenbach

Die Zeit, als das Haus entstand, d.h. es geplant und gebaut werden konnte, ist ein einziges Wunder Gottes. Am 1. November 1936 konnte man Gott danken, dass durch Unterstützung von Freunden und fleißigen Helfern das Haus fertig geworden war. Man nannte es »Haus Bethel«. Friedrich Nothackers Neffe, Günther Nothacker, schreibt darüber:

»Onkel Fritz hatte die Vorstellung und sah sich darin auch von Gott geführt, mit seiner Frau Luise wenig begüterten Menschen Ferien im Nordschwarzwald zu ermöglichen und über tägliche Andachten auch das Wort Gottes zu verkündigen.

Die Zimmer im Haus Bethel waren deshalb sehr einfach ausgestattet, ebenso die sanitären Einrichtungen. Ein Teil des Brotes wurde selber im Haus gebacken. Das war besonders in den Anfangsjahren noch die Aufgabe von Bäckermeister Föhl, dem Vater von Luise. Onkel Fritz fand immer willige und über Jahre hinweg treue Helfer für die Arbeiten um und an seinem Haus Bethel, dazu zählte auch der ›Maler Karle‹. Im überdachten Vorraum nach dem Trep-

---

[9] In Israel und Deutschland hat sich eine unterschiedliche Schreibweise des Namens Bethel eingebürgert. In Deutschland schreibt das Werk ZEDAKAH nach wie vor »Haus Bethel« im Blick auf das Gästehaus in Maisenbach. Für Shavei Zion in Israel, wo man näher am Hebräischen ist, gilt »Haus Beth-El« als offizielle Version. Dies wurde in diesem Buch beibehalten. (Anm. des Verlags)

1916:
Friedrich Nothacker
als Fünfzehnjähriger

Friedrich Nothacker (vorne rechts) im Kreis seines Jahrgangs am Theologischen Seminar der Liebenzeller Mission, Bad Liebenzell 1926

Luise Nothacker, geb. Föhl, mit Schwester Bertha (links) 1918

Hochzeit am 28. August 1932 in der Stadtkirche zu Bad Liebenzell

Erste Gäste im Haus Bethel in Maisenbach 1936/37. Friedrich und Luise an zweiter und dritter Stelle von rechts

Friedrich Nothacker
als Soldat 1941

Friedrich Nothacker 1942 mit seinen
beiden Neffen Günther und Eberhard

Luise Nothacker (rechts), die Bäckerstochter, muss sich – seit ihr Mann bei der Wehrmacht dient – in der Landwirtschaft betätigen, um durchzukommen (1942)

Die beiden Ehepaare Walz (links) und Nothacker, als die beiden Erholungsheime »Elim« und »Bethel« noch getrennt betrieben wurden (1953)

Freizeit in Losone/Italien mit Helene Wyman und Friedrich Nothacker (an zweiter und erster Stelle in der vorderen Reihe rechts) ca. 1956

Friedrich Nothacker vor der ersten Reise nach Israel 1958

Mit Kapitänsmütze auf dem See Genezareth (1959)

Bei der Einweihungsfeier des »Beth-El« in Nahariya 1960

Mit Ehefrau Luise vor dem ersten »Beth-El« in Israel (Nahariya), damals noch unter dem Namen »Lido« (1960) – Beginn der Arbeit für die KZ-Geschädigten

Rabbiner Dr. Keller und zwei Damen von der Fürsorge zu Gast in Nahariya 1960

Ehepaar Nothacker (vorne an zweiter und dritter Stelle von rechts) 1962 mit der ersten Reisegruppe aus Deutschland vor dem »Beth-El« in Nahariya

1963: Eine ganz neue Aufgabe: Die baufällige Kibbuz-Anlage Givat Zaid soll total renoviert werden, um für behinderte Kinder zu »Kfar Tikva«, dem Dorf der Hoffnung, zu werden

Drei »Macher«: Ehepaar Nothacker mit Karl Hospodarsch, dem damaligen Ersten Vorsitzenden von ZEDAKAH

Bautrupp in Givat Zaid (1965)

»Auf nach Shavei Zion!« Erste Besichtigung des Bauplatzes 1965

Große Lagebesprechung in Shavei Zion
(Friedrich Nothacker mit Stock) 1965

Die Hausgemeinschaft Bethel in Maisenbach (1967), mit Familie Hans und Christl Bayer (hinten oben Mitte und links) mit Sohn Schmuel (vorne zwischen Luise und Friedrich Nothacker)

1966/67: vor einer Abreise nach Israel mit voll bepacktem Bus, rechts Ehepaar Nothacker

Der Rohbau des neuen »Beth-El« in Shavei Zion steht, im Vordergrund Friedrich Nothacker (1967/68)

Luise Nothacker bei der Grundsteinlegung von Haus »Beth Elieser« in Maalot 1978

Ehepaar Lehmann (Mitte) mit Luise Nothacker 1974

25. Jubiläum der Arbeit in Israel (1985) –
Luise Nothacker bei ihrer Ansprache anlässlich des Freundestreffens

Dr. Alexander Bronowski, Haifa, überreicht die Urkunde
an Luise Nothacker zum Eintrag ins »Buch der Gerechten« 1989

Aus gleichem Anlass: stehend das Ehepaar Eleonore
und Karl Anderson, sitzend von links Ehepaar Christl und Hans Bayer,
Dr. Alexander Bronowski, Luise Nothacker

Der »Saal Zion« in Maisenbach 1977

Das Grab von Friedrich und Luise Nothacker
auf dem Maisenbacher Friedhof 1996

Ehemaligentreffen 2003. Eines der Geheimnisse von ZEDAKAHS Stärke sind die Bautrupps samt der Freiwilligen (etwa 30 pro Jahr), die beim Aufbau der Anlagen und Gebäude und bei der Betreuung und Pflege der Gäste und Bewohner im Pflegeheim bis heute entscheidend mithelfen.

»Haus Elim« und »Haus Bethel« mit Haus Zoar, auf erstem Bild noch Scheune, später ausgebaut zum Haus für die Mitarbeiter, 1953 und ca. 1980

Am 22. August 2013 schlug im Hof des Erholungsheims in Shavei Zion eine aus dem Libanon abgefeuerte Rakete ein und richtete auch die Schäden an, die auf dem Foto zu sehen sind. Aber – für die Mitarbeiter ein großes Wunder Gottes – es kam kein Mensch zu Schaden, alle waren rechtzeitig in den Schutzräumen. Besonders bewegend war: Der ganze Ort Shavei Zion nahm Anteil, half und zeigte, dass diese Einrichtung endgültig in den Herzen der Nachbarn angekommen ist!

penaufgang gab es vor der Haustüre ein Wandbild von ihm mit dem Motiv: ›Israels Zug durch das Schilfmeer‹.«[10]

Im Haus Bethel konnte man anfangs nur acht bis zehn Personen Unterkunft bieten. Es wurde ein Ort der Begegnung und biblischen Zurüstung, von dem viele gute Impulse ausgingen. Dabei war Friedrich Nothacker die Auslegung des prophetischen Wortes ein besonderes Anliegen. Bis zum heutigen Tag hat das Thema »Israel« ein besonderes Gewicht bei der Verkündigung und den Freizeiten im Haus.

Nach dem Zweiten Weltkrieg nahm die Gästezahl zu und man musste erweitern. Ein Speisesaal wurde angebaut und mehrere Zimmer im Dachstock kamen dazu. Dann wurde die Scheune zu Gästezimmern umgebaut. Ein Bibelsaal kam auch dazu.

1970 übernahm man das Haus Elim, bis dahin ein selbstständiges Erholungsheim unter der Leitung der Predigerswitwe Walz. Um die Häuser zu verbinden, wurde eine Eingangshalle erstellt. Durch die vermehrte Gästezahl wurden Küche und Speisesaal zu klein, sodass man dem erweiterten Haus Bethel einen neuen Speisesaal und eine Küche hinzufügte. In Eigenleistung wurde auch ein Wohnhaus gebaut, das dringend benötigt wurde.

So wurde das christliche Gästehaus »Bethel« im Nordschwarzwald die von Gott vorgesehene Geburtsstätte und der Nährboden für das immer größer werdende Pflänzchen des Dienstes an den KZ-Geschädigten aus Gottes Volk. Vielen Menschen wurden die Augen aufgetan über unsere Schuld an Israel. Vor allem die Gäste in »Bethel« trugen den neu entstandenen Zweig des Werkes in großer

10 Günther Nothacker, aus persönlichen Aufzeichnungen.

Treue mit. Sie unterstützten das Werk durch ihre Gebete und waren auch bereit, durch ihre Spenden diesen Dienst mitzutragen.

Ein Gast beobachtete dabei die große und ständige Überlastung von Frau Nothacker, die als Hausmutter die Gästebetreuung und die Hauptlast im Büro zu tragen hatte. Diese Person sprach Friedrich Nothacker daraufhin an und trug ihm seine Beobachtung vor. Leider bekam dieser Gast nicht gleich eine Antwort, sondern der Hausvater Nothacker zeigte mit seinem Stock, den er zum Gehen immer benötigte, auf zum Himmel. Er wollte dem Beobachter damit sagen und zum Ausdruck bringen: Gott weiß es, und er wird irgendwie helfen!

70 Jahre danach

Am 1. November 2006, genau 70 Jahre nach der Gründung von Haus Bethel in Maisenbach, hielt Pfarrer Gerhard Vöhringer die Festpredigt zum 70. Jubiläum. Unter der Überschrift: *»Das Haus Gottes und seine Erneuerung«* führte er aus:

»Der Abschnitt in 1. Mose 35,1-7 ist eingerahmt von Vers 1 und 7, von einer Erfahrung Jakobs, die ihn unvergesslich mit Bethel verbindet: ›Stätte, da ihm Gott erschien, sich ihm offenbarte, zu ihm redete.‹ Es ist damit Bezug genommen auf ein Ereignis im Leben Jakobs, das zwanzig Jahre zurückliegt, als Gott dem Flüchtigen und Schuldigen einen offenen Himmel erfahren lässt.

Das Ehepaar Nothacker gab mit dem Namen ›Haus Bethel‹ die Zielsetzung bekannt: Sie haben sich an dem ausgerichtet, was dieser Ort Bethel für Jakob bedeutete. Einem Sünder offenbart sich Gott.

Er findet Frieden über seiner Vergangenheit. Er erlebt Gott als den, der hält, was er verspricht.

I. Gott offenbart sich

Unsre Häuser – eine Stätte der Gottesoffenbarung. Können wir dazu etwas beitragen? Ganz gewiss! Das Erste ist das Gebet und dabei zuerst der Dank. Es mag doch jeder zunächst nur bei sich selbst darüber nachdenken, was ihn dankbar macht für Bethel. Bei mir ist es die schlichte und bibeltreue Verkündigung von Bruder Nothacker und sein gelebter tätiger Glaube; dazu noch die durch ihn vermittelte Sicht über Israel.

Bethel ist ein Ort, an den man kommen darf wie Jakob – müde, enttäuscht und schuldig – und dann die Erfahrung machen kann: Gott lässt mich nicht fallen. Wir können dazu beitragen, dass Bethel eine Stätte der Gottesoffenbarung ist.

Dies begann mit der Verkündigung von Bruder Nothacker – und wir wollen beten für die Prediger, die heute hier Gottes Wort auslegen, dass auch sie in die Herzen der Hörer sprechen. Damit jetzt und in Zukunft Menschen erleben: Da hat Gott zu mir geredet. Bethel soll deutlich machen: Gott ist der Sünde Feind, aber er liebt den Sünder. Spürt man das bei uns, spüren das die Menschen, wenn sie in unsere Häuser kommen? Oft fangen wir doch erst dann an, den anderen zu lieben, wenn er so ist, wie wir es gerne hätten.

II. Gott steht zu seinem Wort

Bethel ist ein Ort, an dem uns die Augen aufgehen über uns selbst und für Gottes offenen Himmel. Ein Ort, an dem man Gott als gegenwärtig glaubt und erfährt; wo er Raum bekommt und der Herr ist; wo er zu Wort kommt, unsere Gebete zu ihm aufsteigen und er uns seinen Segen austeilt, und wo Bethel vielen Menschen Pforte zum Himmel wird.

Die erste Erfahrung Jakobs mit Bethel ist eine ungeahnte, von ihm nicht vorgesehene Konfrontation mit dem lebendigen Gott. Damit hat er gar nicht gerechnet. Sagt er doch selbst: ›Der Herr ist an dem Ort, und ich wusste es nicht.‹

Anders ist es bei dem zweiten Besuch. Da spricht Gott zu ihm: ›Mache dich auf und zieh nach Bethel und wohne daselbst und errichte dort einen Altar dem Gott, der dir erschienen ist.‹ Damit erinnert Gott den Jakob an die Zusagen, die er zu erfüllen versprach, wenn seine Flucht gut ausginge. Er hat erlebt: Gott hat sein Wort gehalten. Und Jakob baute den Altar dem Gott, der ihn erhört hat.

Es ist oft unsre menschliche Art, in Notzeiten und großer Angst Gott Versprechungen zu machen. Doch wird das Einlösen der Versprechen oft vergessen, wenn sich die Not gewendet hat.

›Tut von euch die fremden Götter, die unter euch sind, und reinigt euch und wechselt eure Kleider‹, so sagt Jakob zu den Seinen. Wovon müssen wir uns trennen? Martin Luther sagt zum Ersten Gebot: ›Woran du dein Herz hängst, das ist dein Gott.‹ Ist es vielleicht unsere Selbstgerechtigkeit, unser Stolz und die eigene Ehre. Unser Besitz. Sind es Gegenstände oder Personen?

III. Gott steht zu Israel

Bethel ist auch die Stätte der Liebe zu Israel. Jakob bekommt einen Namen. Er soll ›Israel‹ heißen. Mit Jakob führt Gott seine mit Abraham begonnene Segensverheißung weiter. Mit seinem Namen wird das Volk ›Israel‹ genannt. Gottes erwähltes Volk.

Zu Bethel gehört also nicht nur untrennbar der Name Jakob, sondern es gehört dazu auch untrennbar der Name Israel als Volk. Bruder Nothacker hat das in der Verkündigung und im Gebet stets betont und in der Tat bewiesen.

Viele verdanken Maisenbach den Anstoß, sich zu einem Dienst in Israel rufen zu lassen; bekommen Impulse, die Bibel aufmerksamer zu lesen; entdecken die vielen Verheißungen, die Israel zugesagt sind, und werden gefestigt in der Erkenntnis, dass in der Bibel die bleibende Erwählung Israels bezeugt ist. Israel ist unser älterer Bruder, den wir Christen oft verachtet haben.

70 Jahre Haus Bethel: Wenn wir darauf zurückblicken, gebührt unserm Gott Dank und Ehre. Denken und sehen wir nach vorne, dann wollen wir beten, dass Bethel bleibe: eine Stätte der Gottesoffenbarung und eine Stätte der Liebe zu Israel.«

Sein Standpunkt im Nationalsozialismus

Nachdem Friedrich Nothacker aus gesundheitlichen Gründen seinen Dienst als Prediger in Nürnberg nicht mehr versehen konnte und nach Maisenbach zog, ebnete Gott den Weg für ihn und eine neue, zusätzliche Aufgabe. Er wurde angefragt, ob er in dem nahe gelegenen Bezirk Enztal einige Predigtdienste übernehmen könnte. Natürlich war er dazu bereit.

Zuerst fuhr er mit seinem Motorrad und später mit einem »Opel P4« zu seinen Diensten. Mit großer Sorgfalt bereitete er seine Predigten vor und versorgte die Orte mit guter Verkündigung und Auslegung des Wortes Gottes. In den verschiedenen Orten war er sehr gerne gesehen und man freute sich auf seine regelmäßigen Stunden. Ein Prediger, der Friedrich gut kannte und beobachtete, sagte Folgendes: »Friedrich Nothacker war schon damals ein sehr fortschrittlicher Mann. Er war in seinen Planungen und Entscheidungen oft ein Stück seiner Zeit voraus. Er wollte alle Möglichkeiten, die es gab, ausnutzen und in Anspruch nehmen. Er schonte niemals seine Kräfte und konnte auch standfest sein, wenn es um Gottes Sache ging.« Ein Beispiel kann dies gut wiedergeben:

Während der Zeit des Dritten Reiches wurde vom Ortsgruppenleiter im Dorf angeordnet, dass alle Häuser festlich zu schmücken und mit einer Hakenkreuzfahne zu beflaggen seien. Dieser Anordnung wollte sich Friedrich Nothacker nicht so einfach beugen und zustimmen. Denn seiner Auffassung nach konnte und wollte man dem Hitlerregime nicht recht geben. Und so kam es zu folgender Situation: Seine Frau Luise konnte sehr gut Kunstschrift schreiben. Sie nutzte ihr Talent und beschrieb in der Nacht ein breites Band mit dem Spruch: »An Gottes Segen ist alles gelegen.« Dieser Spruch wurde am 1. Mai am Haus Bethel angebracht, sodass alle Menschen, die bei dem großen Festzug dabei waren, es lesen konnten.

Dies war ein klares Zeugnis und Bekenntnis zu Gott und wurde auch von den Menschen im Ort erkannt, gesehen und ernst genommen.

Ein gläubiger Christ äußerte sich viele Jahre später darüber und sagte, dass Friedrich Nothacker unter den wenigen Menschen einer war, der im Dritten Reich die Sache klar durchschaut und Hitler und seinem Verbrecherregime widerstanden hat. Später stellte sich heraus: »Friedrich und seine Frau Luise standen auf einer ›Schwarzen Liste‹. Sie wären ins KZ gekommen, hätte der Krieg noch etwas länger gedauert.« Das war die Situation in dieser Zeit.

Friedrich Nothacker war schon damals überzeugt, dass die meisten Christen dem letzten Verführer, dem Antichristen, anhangen würden. Er sagte: »Bei Hitler geschah es teilweise, dass man den Geist in ihm nicht erkannte, obwohl man sich durch das Buch ›Mein Kampf‹ hätte orientieren können. Die letzte Verführung würde viel feiner, ja, im christlichen Gewande auftreten, als Wolf im Schafspelz und als Engel des Lichts. Die meisten Gläubigen würden blauäugig allem glauben und nachlaufen, ohne zu prüfen, und nicht das prophetische Wort beachten.«

Sein Vorbild – Ernst Modersohn

Wie schon weiter oben berichtet wurde, las Friedrich Nothacker regelmäßig die Zeitschrift »Heilig dem Herrn«. Es war dies das Wochenblatt von Ernst Modersohn, das damals bis zu 100 000 Leser erreichte. Dieses Blatt brachte fortlaufende Auslegungen zu biblischen Texten und gab zugleich gute Hilfen zu wichtigen Lebensfragen. Mancher Leser konnte durch das Lesen dieser Zeitschrift auch echte Impulse für sein eigenes Leben bekommen.

Zur gleichen Zeit erschien ein übles Blatt: »Der Stürmer«. Es war ein Schmutzblatt ersten Ranges, das die Juden in jeder Weise schlechtmachte. Da konnte Modersohn natürlich nicht schweigen und musste dagegen Stellung beziehen. So bekam er eines Tages eine Vorladung zur Geheimen Staatspolizei, der Gestapo, nach Weimar zum Verhör. Modersohn ging hin. Das Verhör war sehr erniedrigend – es wurde gesagt: »Entweder glauben Sie selber nicht, was Sie schreiben, oder Sie sind ein unverschämter Betrüger, der ins Gefängnis gehört.« Modersohn wurde dann auch verhaftet und verfolgt.

Man wollte die Christliche Presse vernichten und man suchte nach irgendwelchen Gründen, um das Blatt verbieten zu können.

Doch Modersohn ließ sich von diesen Parteileuten nicht einschüchtern, sondern bekannte sich weiterhin auch zum Alten Testament und zu Jesus Christus. Sein Blatt »Heilig dem Herrn« wurde verboten und er kam ins Gefängnis. Modersohn ertrug lieber das Unrecht, als dass er eingeknickt wäre und dem Unrechtsregime nachgegeben hätte.

Diesen Bekennermut hat sich Nothacker zu Herzen genommen. Er wollte fortan wie dieser Glaubenszeuge lieber Unrecht ertragen, als den Leuten des Dritten Reichs nachzugeben. Modersohn war sein großes Vorbild.

Der Zweite Weltkrieg

Es war eine schreckliche Zeit – der Zweite Weltkrieg. Es begann mit dem sinnlosen Überfall Hitlers am 1. September 1939 auf Polen. Die Naziherrschaft weitete sich aus und bedrohte die ganze Welt.

Ulrich Parzany hat in seiner Autobiografie »Dazu stehe ich« einige Daten und Geschehnisse in Erinnerung gerufen und berichtet, wie schrecklich die Diktatur, Gewalt und Zerstörung im Dritten Reich wirklich war. Er schreibt:

»Deutsche Truppen standen im Februar 1941 in Nordafrika, eroberten im April 1941 Athen. Im Juni 1941 begann der Überfall auf die Sowjetunion. Die Zahl der Angehörigen der Deutschen Wehrmacht stieg im Jahr 1941 von 1,5 Millionen auf 7 Millionen.

Am 31. Juli 1941 beauftragte Hermann Göring den SS-Obergruppenführer Heinrich Heydenreich mit der Organisation der sogenannten ›Endlösung der Judenfrage‹. Die Massendeportation von Juden in die Vernichtungslager begann Ende 1941.

Die Deutsche Wehrmacht führte den ›Vernichtungskrieg‹ im Osten. Etwa 27 Millionen Sowjetbürger starben. Die Schlacht um Stalingrad tobte seit Sommer 1942. Die Sechste Armee unter General Paulus kapitulierte dort am 31. Januar 1943. Joseph Goebbels hielt am 18. Februar 1943 im Berliner Sportpalast seine berüchtigte Propagandarede und verkündete unter tosendem Beifall den ›totalen Krieg‹. Am gleichen Tag wurden in München die Geschwister Scholl verhaftet und am 22. Februar 1943 zum Tode verurteilt und hingerichtet.

Am 6. Juni 1944 begann die Invasion der Alliierten in der Normandie. Am 20. Juni 1944 scheiterte das Attentat auf Hitler in Ostpreußen. Am 9. April 1945 wurde Dietrich Bonhoeffer im Konzentrationslager Flossenbürg hingerichtet. Seit Anfang 1945 eroberten die alliierten Truppen Deutschland. Am 30. April 1945 beging Hitler Selbstmord. Die deutschen Truppen kapitulierten endgültig, als die Rote Armee in Berlin einmarschiert war. Am 8. Mai war der Zweite Weltkrieg in Europa vorbei. Deutschland wurde in die amerikanische, britische, französische und sowjetische Besatzungszone aufgeteilt. In Asien ging der Krieg erst am 15. August 1945 mit der

Kapitulation Japans nach den Atombombenabwürfen auf Hiroshima und Nagasaki zu Ende.«[11]

Einberufung zur Wehrmacht

Nothacker war Prediger des Evangeliums und somit im Dritten Reich auch nicht aller Leute Freund. Bis er sich recht besinnen konnte, hatten seine Gegner dafür gesorgt, dass der Stellungsbefehl ins Haus flatterte.

Im Ort Maisenbach hatte es sich bereits herumgesprochen: Friedrich Nothacker müsse jetzt die Früchte ernten, weil er nicht bereit war, die Hakenkreuzfahne am Haus Bethel anzubringen, und außerdem, dass er sich grundsätzlich weigerte, mit »Heil Hitler« zu grüßen.

Es war auch bekannt geworden: Nothacker bekennt sich zum Volk des Alten Bundes. Öfters konnte er im Freizeitheim in einer Predigt sagen: »Das Heil kommt von den Juden«, und auch: »Israel ist Gottes erwähltes Volk.« Das gefiel manchem Bürger im Landkreis Calw und Pforzheim nicht besonders gut und er wurde deshalb oft bitter angefeindet. Es gab eine ganze Anzahl Christen, die meinten: Die Juden stünden unter Gottes Gericht. Und es bewahrheite sich jetzt, was Jahrhunderte vorher ein jüdischer Hohepriester gesagt hatte: »Sein Blut komme über uns und unsre Kinder.« Dieser Fluch treffe die Juden jetzt in diesem Jahrhundert.

---

11 Ulrich Parzany, Dazu stehe ich. Mein Leben. SCM-Hänssler Verlag, Holzgerlingen 2014, S. 38-39.

Manche Leute hatten dann auch eine richtige Schadenfreude, als sie hörten, dass Nothacker zur Wehrmacht eingezogen wird und an die Kriegsfront gehen muss. Ihm war auch kurz zuvor die Lizenz für das Betreiben seines Christlichen Freizeitheimes entzogen worden. Damit hatten die Nazis ihr Ziel erreicht, den Christen und Judenfreund Nothacker loszuwerden.

Nach 1945, als der Krieg längst zu Ende war, kam zu Nothacker ein Mann und bekannte seine Schuld. Er sagte, dass es ihm jetzt so richtig leidtue, dass er ihm so viel Unrecht zugefügt habe, weil er sich zu den Juden bekannte und dies auch in seinem Freizeitheim öffentlich in seinen Andachten und Predigten zur Sprache brachte. Er möge ihm verzeihen und vergeben. Das tat er natürlich. Der Mann kam nach diesem Eingeständnis immer wieder zu ihm und suchte bei ihm auch seelsorgerliche Hilfe. Nothacker, Prediger und Seelsorger, der er war, half dem Mann in dieser Situation wieder auf die Beine, sodass er Frieden mit Gott und Vergebung seiner Schuld erfahren konnte.

Am 21. Februar 1941 wurde Friedrich Nothacker zur Wehrmacht einberufen. Er sagt darüber: »Innerlich im Herrn getrost ging ich den Weg. Gleich am ersten Abend wurde klar Farbe bekannt, wessen Geistes Kind ich sei. Somit wurde gleich Position bezogen und es gab auch abends heiße Diskussionen, aber ich hatte den Eindruck, es war nicht umsonst. Einmal, etwa nach 14 Tagen, wurde die Kompanie gefragt: ›Wer will zur Kirche?‹ Da meldeten sich von den 180 Soldaten nur ein Katholik und ich. Als ich einen Pfarrer danach fragte, warum er sich nicht gemeldet habe, sagte er: ›Jetzt bin ich Soldat und nicht Pfarrer.‹«

Nach kurzer Ausbildung wurde er als Fahrer zur Sanitätseinheit nach Ulm versetzt. In Ulm traf er zu seiner großen Überraschung einen früheren Klassenschüler aus der Liebenzeller Missionshauszeit.

Sanitätsfahrer im Warschauer Getto

Friedrich Nothacker wurde nach Polen geschickt, an die Kriegsfront, wo Hitler den grausamen Krieg entfesselt hatte. In Warschau lebten damals 350 000 Juden. Ihre Bewegungsfreiheit wurde immer mehr durch die Naziherrscher eingeschränkt. Schon im November 1939 folgte der erste Schritt zur Gettoisierung. Am 2. Oktober 1940 wurde die jüdische Bevölkerung aufgefordert, ihre Häuser zu verlassen und in das bestimmte Gebiet zu ziehen. Die Juden im Warschauer Getto wurden von den SS- und SA-Leuten unmenschlich und brutal behandelt. Im Jahr 1941 starb bereits jeder Neunte im Jüdischen Getto wegen der grausamen Lebenssituation. Die Juden waren aller ihrer Rechte beraubt. Das Unrecht schrie förmlich zum Himmel. Im April 1942 wurde die Lage im Warschauer Getto noch einmal verschärft. 6 000 bis 7 000 Juden aus Böhmen und andern Gebieten wurden ins Getto gebracht. Ab Sommer 1942 – nach der Wannseekonferenz – war man dabei, alle Juden völlig auszulöschen. Was Nothacker da alles sah und erlebte, erschütterte ihn bis ins tiefste Mark. Er konnte einfach nicht begreifen und verstehen, dass so etwas Grauenvolles und Menschenunwürdiges geschehen konnte.

In einer Aufzeichnung steht: Bei der Wehrmacht war Nothacker als Sanitätsfahrer eingesetzt, wobei er auch durchs Warschauer Getto kam. Er hat zum Beispiel laut schreiende Schwerverletzte mit schlimmen Kopfschüssen mit einem Krankenwagen transportieren müssen. Das hat bei ihm Spuren hinterlassen. Seine Frau sagte: »Nachher plagten ihn oft Schuldgefühle, weil er nicht irgendwie versucht hat, Brot aus dem Auto fallen zu lassen für die ausgehungerten jüdischen Gettobewohner.«

Nothacker war in Polen endgültig klar geworden, dass die Menschen in anderen Ländern nicht seine Feinde, sondern unglückliche Opfer eines ungerechtfertigten Krieges waren. Den Hass, der von Leuten im Dritten Reich gegen andere Nationen bewusst geschürt wurde, konnte und wollte er unter keinen Umständen billigen. Er sah die Völker und Menschen in den andern Nationen als von Gott geschaffene und geliebte Menschen an, denen auch Gottes Fürsorge, Barmherzigkeit und Liebe gilt.

Während Friedrich Nothacker als Sanitätsfahrer seinen Dienst an der Front verrichten musste, versah Luise Nothacker in Zainen eine kleine Landwirtschaft. Für sie als Stadtfrau war diese Arbeit – trotz einiger Helfer – eine große Herausforderung. Mit dem Landwirtschaftlichen Betrieb sicherte sie eine gewisse Grundversorgung. Sie hat dies auch sehr vorbildlich gemeistert, wie ihr Neffe Günther berichtet.

Am Kriegsende beim Einzug der Franzosen hatten die Frauen in Maisenbach und Zainen sehr unter den marokkanischen Truppen zu leiden. Manche Frau wurde missbraucht. Auch Luise Nothacker und ihre Schwester Berta wurden vergewaltigt und mussten im Krankenhaus behandelt werden. Es waren schlimme Geschehnisse und Verbrechen, die den wehrlosen Opfern zugefügt wurden.

Wieder in Maisenbach (1945)

Kurz nach Kriegsende wurde Nothacker aus der Gefangenschaft entlassen. Dem Schwert entronnen – konnte er einfach sagen, als er wieder zu Hause war. Aber es war nicht sein Verdienst, sondern Gottes Gnade, dass er noch am Leben war. Viele Männer wurden vermisst und viele Frauen warteten ganz sehnlich auf ein Lebenszeichen von ihren Ehemännern. Es war ja nicht selbstverständlich, dass Nothacker überhaupt wieder in seine Heimat nach Maisenbach kommen konnte. Andere waren im Krieg geblieben oder wurden viel länger in der Kriegsgefangenschaft festgehalten. Von manchen hatte man überhaupt keinerlei Nachricht bekommen und man wusste auch nicht, wie es ihnen geht.

Es war damals schon bekannt, dass sich viele Männer als Kriegsgefangene in Sibirien befanden. Wie viel Tränen da vergossen wurden! Eines ist auf jeden Fall sicher: Der Krieg brachte unsagbares Leid. Unser allmächtiger Gott wird spätestens am Jüngsten Gericht die gottlosen Schuldigen des Krieges und der Verbrechen zur Rechenschaft ziehen. Ob im Osten, Süden, Westen oder Norden – wie teuflisch wurde an vielen Menschen gehandelt. Manche wurden furchtbar bis zum Tod gequält.

Oft kamen zu Nothacker in dieser Zeit verzweifelte und angefochtene Menschen und suchten Hilfe in ihrer großen Bedrängnis. Er sagte oft nur wenige Worte und zitierte dann den bekannten Liedvers:

Ich steh in meines Herren Hand
und will drin stehen bleiben.
Nicht Erdennot, nicht Erdentand

soll mich daraus vertreiben!
Und wenn zerfällt die ganze Welt,
wer sich an Ihn und wen Er hält,
wird wohlbehalten bleiben.

Der Jammer des Krieges

Eines Tages machte sich Friedrich Nothacker auf den Weg nach Pforzheim, denn er hatte dort etwas sehr Dringendes und Wichtiges zu erledigen. Und so ging er mit seiner Frau durch die zertrümmerten Stadtviertel. Immer wieder blieben Friedrich und Luise an den Ruinen von zerstörten Häusern stehen. Sie unterhielten sich über die Schrecken und die große Not, die über viele Menschen während des Krieges hereingebrochen war. Es mussten fürchterliche Fliegerangriffe über der Stadt getobt haben. Flächenbrände hatten ganze Stadtteile zerstört und viele waren selbst in Schutzräumen erstickt, weil die Feuerwalze den ganzen Sauerstoff, auch den in den Kellern, auffraß. Welch ein Bild des Grauens. Wie viel Leid und Kummer wurde da sichtbar. Viele Menschen hatten alles Hab und Gut verloren, Tausende ihr Leben.

Der Jammer des Krieges war so ungeheuerlich, dass Friedrich und seine Frau vor einem zerstörten Haus ihren Tränen freien Lauf ließen. Eine achtköpfige Verwandtschaft war beim Bombenangriff in diesem Keller verschüttet und getötet worden.

KAPITEL 6

Die Zeltmission

Nach den schlimmen Kriegsereignissen und furchtbaren Geschehnissen, die nachher immer mehr an die Öffentlichkeit drangen, war Friedrich Nothacker der festen Überzeugung: Wir brauchen eine Zeltmission. Sofie Weiland berichtet davon: »Eines Tages stand Friedrich Nothacker bei uns in Söllingen mit seinem Auto vor der Tür. Er sagte: ›Gottlieb, mir ist klar, dass die Liebenzeller Mission von Gott den Auftrag hat, in der Heimat das Wort Gottes zu verkündigen.‹

Nach diesem Gespräch dauerte es noch sieben Jahre, bis 1952 das erste Liebenzeller Zelt unterwegs war. Bergverwalter Sauter wurde Geschäftsführer und teilte die Verkündiger und Diakone ein. Was noch fehlte, war ein eigenes Zelt. Behelfsweise wurde ein altes, dunkles Zelt verwendet. So war der Wunsch von Friedrich Nothacker erfüllt. Er wurde auch immer wieder zu diesen Diensten eingeteilt.«

Sofie Weiland hat auch erzählt, dass sie damals schon geahnt hat, dass die Zusammenarbeit von Friedrich Nothacker und Adolf Sauter nicht lange funktionieren wird. Diese beiden Männer waren einfach zu verschieden und passten nicht zusammen. Es sei wohl die richtige Entscheidung gewesen, dass die Liebenzeller Mission ihre eigene Zeltmission durchführte und man auch Friedrich Nothacker, ab 1959, mit seinem kleinen Zelt wohlwollend begleitete.

Nothacker und Sauter hatten auch eine grundsätzlich verschiedene Auffassung im Blick auf Israel und manche Geschehnisse im Nationalsozialismus.

Christian Decker, ein Zeitzeuge des damaligen Geschehens, meinte: »Sauter ließ sich von Hitler und seinen Leuten blenden. Er meinte lange, man müsse in die Partei eintreten, um etwas Gutes für Deutschland bewirken zu können.«

Als Friedrich Nothacker eine eigene Zeltmission mit eigenem Zelt gegründet hatte, sprach er sich regelmäßig mit Gottlieb Weiland ab, damit es keine Überschneidungen von Zelteinsätzen gäbe. Er blieb in Freundschaft mit ihm weiterhin verbunden. Bei jeder Zeltarbeit wurde bei Nothacker ein Israelabend eingebaut, um wieder neue Freunde für Israel zu gewinnen. Es ging Nothacker wirklich um den Auftrag Jesu: Alle Menschen sollen sein Wort hören können. Und für Israel sollten wir Christen den Dienst der Liebe üben und ein guter Geruch zum Glauben sein.

Friedrich Nothacker tat sehr gerne Dienst im Zelt. Er schreibt davon: »Das Zelt ist mir zur Heimat geworden. Jahr für Jahr bringe ich den friedlosen Menschen der Gegenwart die Botschaft von Jesus. Wenn ein Mensch den Weg zu Jesus findet, so ist das unsere Mühe tausendfach wert.«

Davon berichtet sein nachstehendes Erlebnis: »Einmal stand mein Zelt in einer Universitätsstadt. Morgens schritt ich dem Bahnhof zu, um mir einen Zug zur Rückfahrt auszusuchen. In der Schalterhalle trat plötzlich ein junger Mann auf mich zu und redete mich an: ›Bruder N., haben Sie nicht etwas Zeit für mich. Ich habe Sie im Zelt gehört. Sehen Sie, hier ist meine Fahrkarte. Da wollte ich hinfahren und mich erhängen. Ich werde mit dem Leben und mit mir selbst nicht mehr fertig.‹ Ich sah den Jungen an und erschrak über sein verzweifeltes Gesicht. Wir gingen zusammen auf seine Studentenbude. Er legte eine Lebensbeichte ab. Ihn belasteten große Lebensnöte. Er studierte Jura im siebten Semester. Im Bahnhof, als er die Karte gelöst hatte, betete er: ›Du, Gott, wenn du mir noch helfen kannst oder willst, dann schicke mir doch den Evangelisten über den Weg. Das soll mir ein Zeichen sein, dass du mich nicht laufen lässt.‹ Kaum hatte er so in seinem Herzen gebetet, da betrat ich den Schalterraum. Nun saßen wir auf seinem Zimmer, und die Engel im Himmel freuten sich über einen Sünder, der Buße tut. Merkwürdig war, dass ich an diesem Morgen ursprünglich gar nicht die Absicht hatte, zum Bahnhof zu gehen. Mein Plan war, den Methodistenpastor aufzusuchen. Unterwegs war mir plötzlich der Gedanke gekommen, schnell in den Bahnhof hineinzugehen und nach den Zügen für die Heimreise zu forschen. Gottes Wege waren wieder einmal anders als meine Wege.

Eine seltsame Führung

In der gleichen Stadt hatte ich noch so eine seltsame Führung. Eines Abends war ich mitten im Vortrag gedrungen worden, etwa Folgendes zu sagen: ›Du Frau dort hinten, die du schon die Gifttabletten in der Tasche hast, du brauchst diesen Weg nicht zu gehen; denn Jesus ist da, der dir helfen will.‹

Nach der Zeltversammlung trat der Zeltmeister auf mich zu und sagte: ›Bruder N., vor dem Zelt steht eine Frau, die Sie sprechen will.‹ Ich begab mich rasch dorthin. Da streckte sie mir die Hand hin und gab mir zwei Röhrchen Gifttabletten. Sie erklärte mir: ›Ich brauche sie jetzt nicht mehr. Ich habe ja Jesus finden dürfen. Aber sagen Sie mir doch, woher Sie wussten, dass ich Gift bei mir hatte?‹ Was sollte ich bloß antworten? Ich wusste das doch nicht. Es war mir plötzlich mitten im Vortrag eingegeben worden. War diese Frau, die eben erst den Schritt zu Jesus hin getan hatte, schon reif für die ganze Wahrheit? Der Geist Gottes hat doch heute noch sein Werk in der Gemeinde, sonst können wir ja unsern Laden zumachen und alle Evangelisation aufstecken und die Kirchen schließen. Schließlich hatte diese Frau doch ein Recht auf Antwort, und so sagte ich ihr: ›Niemand hat mir von Ihnen berichtet. Ich kenne Sie ja nicht. Das hat Jesus so gefügt, dass ich das im Vortrag aussprechen musste, ohne zu wissen, wer damit gemeint war. Sie sehen daraus, dass Sie dem Herrn Jesus nicht gleichgültig waren und sind, dass er Ihnen so nachgegangen ist.‹«

Friedrich Nothacker fügte an: »Es ist mir bewusst – unser Glaube beruht nicht auf solchen Erlebnissen, sondern allein auf dem Kreuz Jesu. Das Wort Gottes ist aber eine Kraft, die im Alltag des Jüngers Jesu sichtbar wird.«

KAPITEL 7

Weichenstellung für den Christlichen Hilfsbund

Ab 1945 widmete sich Friedrich Nothacker sofort mit ganzer Energie dem Freizeitheim und nahm wieder Gäste auf. Er hielt auch sonst noch viele Evangelisationen und Verkündigungswochen da und dort im Lande. Die Menschen in Deutschland waren fragend und suchend geworden. Sie stellten immer wieder die eine wichtige Frage: Wie konnte das nur geschehen? Hätte man den grausamen Verbrecher Hitler mit seinen Helfern nicht verhindern können, der unser Volk so ins Unglück stürzte mit Krieg und Verbrechen gegen andere Völker und Menschen? Der vor allem Juden mit seinem dämonischen Rassenwahn so grausam vernichtet hat. Der KZs und Vernichtungslager bauen ließ und über sechs Millionen unschuldiger Menschen dort aufs Schrecklichste umbringen ließ. Man konnte und durfte sich nach diesen Verbrechen und schrecklichen Geschehnissen nicht einfach darüber hinwegsetzen und zur Tagesordnung übergehen.

Was Nothacker immer wieder neu beschäftigte, war das große Unrecht, das er im Warschauer Getto erlebt hatte. Er hatte nichts dagegen tun können, aber es hat ihn ständig umgetrieben. Er konnte es nie mehr vergessen. Ein Erlebnis, das er mitbekam, hat er später einem guten Freund erzählt: Ein SS-Offizier leitete die Erschießung von Männern, Frauen und Kindern, die vorher ihr eigenes Massengrab hatten ausheben müssen. Als der Offizier die Toten und schwer verletzte Kinder noch herumkrabbeln sah, erklärte er: »Ich glaube nicht an Gott. Aber wenn es einen Gott gibt, dann sind wir die Dummen.« Er war Atheist und sehr kaltblütig und roh gegen die Menschen. Friedrich Nothacker sagte dann zu dem Freund: »Hitler und seine Gefolgsleute mussten das dann auch erfahren: ›Was der Mensch sät, das muss er auch ernten.‹« Das Morden und das Wüten gegen das auserwählte Volk Gottes und gegen viele Unschuldige brachte dann das schlimme Ende des Krieges und ein unüberschaubares Chaos in unserm Land.

Was Nothacker nach dem Niedergang des Dritten Reichs sich dann auch für unser Volk wünschte, war ein völlig neuer Anfang mit Gott. Man sollte die Schuld, die durch uns Deutsche begangen wurde, einsehen, Reue zeigen und Buße tun. Und wo es noch irgendwie möglich war, Dinge wieder in Ordnung bringen. Wo dies dann geschehen ist, sollte ein ganzer Neuanfang möglich sein.

Gründung des Hilfsbundes und von ZEDAKAH

Nach vielen Überlegungen kam es 1954 zur Gründung des Vereins »Christlicher Hilfsbund e. V.«, der sich die Förderung und Ausbreitung des Reiches Gottes zum Ziel setzte und dem seit 1960 auch das Liebeswerk in Israel ZEDAKAH e. V. angehört.

ZEDAKAH kommt vom hebräischen Wort *zedek*, d.h. gerecht. Es bedeutet Wohltätigkeit und Gerechtigkeit. ZEDAKAH ist die praktisch ausgelebte Gerechtigkeit Jahwes und meint die konkrete Tat der Nächstenliebe und Barmherzigkeit.

In den Richtlinien heißt es: »1960 begannen die Gründer (Friedrich und Luise Nothacker) im kleinen Rahmen einen Liebesdienst in Israel an den unter dem NS-Regime verfolgten Juden. Im Glauben erwarteten sie alles dazu Erforderliche vom Herrn, der sie mit diesem Dienst beauftragt hatte. Noch nie hat der lebendige Gott dieses Vertrauen enttäuscht. An dieser Linie wird bis heute festgehalten. ›ZEDAKAH‹ ist ein Glaubenswerk. Die Arbeit wird durch Fürbitte und die Spenden treuer Freunde, denen Gott die Augen für sein auserwähltes Volk geöffnet hat, ermöglicht. Dieser Liebesdienst kann nur ausgeführt werden, weil weiterhin junge und ältere entschieden gläubige Christen aus Deutschland bereit sind, Gott in Israel zu dienen.«

Unser Auftrag

In Bad Liebenzell hielt Hermann Dietzfelbinger (1908–1984), ein bibeltreuer Theologe und ehemaliger Landesbischof (1955–1975 in Bayern), einige Referate bei einer Hauptjahrestagung des Deutschen

Christlichen Technikerbundes. Er kam in einem seiner Vorträge auch auf die Schuldfrage von uns Deutschen zu sprechen und sagte unter anderem: »Im Blick auf die Juden im Dritten Reich ist mir klar: Hier hätte auch der kirchliche Widerstand früher, bewusster und in der Erkenntnis beginnen müssen, wie Dietrich Bonhoeffer formuliert hat: ›Wer nicht für die Juden schreit, kann auch nicht gregorianisch singen.‹«

In seiner Biografie – »Veränderung und Beständigkeit« – beschreibt Dietzfelbinger zum Stichwort »Vergebung« folgendes gravierende Erlebnis: »Im Sommer des Jahres 1961 nahm ich an der Sitzung des Exekutivkomitees des Lutherischen Weltbundes in Warschau in Polen teil. Wir besuchten das Konzentrationslager Auschwitz. Natürlich redete man überall in Polen polnisch. Aber wenn man in ein Konzentrationslager kommt, erscheinen alle Inschriften in deutscher Sprache. So steht gleich über dem Eingangstor: ›Arbeit macht frei.‹ Und dann wurden wir hindurchgeführt, zusammen mit christlichen Brüdern aus Frankreich, den USA, aus Holland, Norwegen, Schweden, aus Südamerika, und als Deutscher wusste man, was sie beim Anblick der Gefangenenzellen, der Gaskammern und der menschlichen Überreste aus der Lagerzeit dachten. Am Ende warf es mich in einer Ecke buchstäblich zu Boden. Ich bete den 130. Psalm: ›Aus der Tiefe rufe ich, HERR, zu dir … So du willst, HERR, Sünden zurechnen, Herr, wer wird bestehen?‹ Da war auch ein polnischer Pfarrer, der uns führte. Er war selber im KZ gewesen. Da es sehr heiß war, trug er über der Hose nur ein Sommerhemd, mit kurzen Ärmeln, und man sah auf dem bloßen Arm noch die Gefangenennummer eintätowiert. An der Hand führte er sein vierzehn- bis fünfzehnjähriges Töchterlein. Ich fragte ihn: ›Können Sie eigentlich hier durch dieses Lager einen

Deutschen führen?‹ Er antwortete mir mit einem warmen Lächeln: ›Wir Christen können das doch aufgrund der Vergebung.‹ So hat er, was ich nicht konnte, den 130. Psalm weitergeführt: ›Bei dir ist die Vergebung, dass man dich fürchte.‹«[12]

Israel – und wir Christen

Was Friedrich Nothacker in seinem Leben stark beschäftigt hat, das hat er in einem Vortrag sehr deutlich und klar zum Ausdruck gebracht.

Hören wir ihn selbst: »Die meisten Gläubigen sehen Israel so am Rande, aber nicht so, wie Gott Israel sieht. Der glaubenden Gemeinde sollte es ein sehr ernstes Anliegen sein, Israel so zu sehen, wie Gott es sieht, damit sie in das dem Herrn wohlgefällige Verhältnis zu seinem alten Bundesvolk kommen. Gott hat Israel zum Segensträger für alle Völker erwählt und in 1. Mose 12,3 gesagt: ›Ich will segnen, die dich segnen, und verfluchen, die dich verfluchen; und in dir sollen gesegnet werden alle Geschlechter auf Erden.‹ Dies ist eine göttliche Tatsache.

I. Die Stellung von Paulus zu Israel

Wir fragen zuerst, welche Stellung hat der Apostel Paulus zu seinem Volk eingenommen? Wenn wir Römer 9,4 lesen, so erhalten wir

---

12 Hermann Dietzfelbinger, Veränderung und Beständigkeit. Erinnerungen. Claudius Verlag, München 2. Auflage 1985.

von ihm eine ganz klare und eindeutige Antwort: ›Ihnen gehört die Kindschaft.‹ Es heißt nicht, ihnen *gehörte* die Kindschaft, sondern ihnen *gehört* die Kindschaft. In allen Bibelübersetzungen steht hier in diesem Vers die Gegenwart und nicht die Vergangenheit. Das heißt also ganz klar, dass Israel von den Gnaden und Gaben Gottes nicht abgeschrieben ist, die ihm verheißen sind. Der Herr hat es als Volk beiseitegestellt. Trotzdem darf die Gemeinde sehr viel von Israel haben. Wenn wir unsere Bibel in die Hand nehmen, nehmen wir nicht ein deutsches, französisches oder englisches Buch in die Hand, sondern ein jüdisches!

Ein Lehrer einer Bibelschule sucht in einem Buch nachzuweisen, dass die Verheißungen jetzt alle nur noch der Gemeinde gelten und gehören sollten. Durch diese falsche Belehrung – mit wenigen Ausnahmen – nahm die glaubende Gemeinde seit Jahrhunderten eine falsche Stellung zu Israel ein. Dadurch hat sich der Geist des Antisemitismus auch in der Gemeinde Jesu verbreiten können und hält sich bis zum heutigen Tag versteckt. Hätten wir eine klare Belehrung über die Aussagen Gottes gehabt, dann hätte sich die Christenheit im Dritten Reich anders verhalten! So aber haben wir uns schuldig gemacht an der Vernichtung von sechs Millionen Juden.

Der Apostel Paulus schreibt uns dann in Römer 11,18 weiter: ›So rühme dich nicht gegenüber den Zweigen. Rühmst du dich aber, so sollst du wissen, dass nicht du die Wurzel trägst, sondern die Wurzel trägt dich.‹

Gewiss, Israel ist als Volk an dem Heil in Christus vorübergegangen. Das heißt aber nicht, dass alle Juden Christus abgelehnt haben. Wir wissen, dass die erste Gemeinde nur aus Juden bestand, und lange waren die Juden die überwiegende Mehrheit in der ersten Christenheit, bis später die Heidenchristen überwogen.

Heute gehört Israel nicht der Vergangenheit an, sondern der Gegenwart und der Zukunft. Israel befand sich fast 2000 Jahre in der Verbannung und Zerstreuung. Dieses Volk hätte längst verschwunden sein müssen, wie auch andere noch größere Völker verschwunden sind. Aber Gott hat Israel nicht zum Verschwinden verurteilt, sondern hat angefangen, seine Verheißungen an ihm einzulösen.

II. Israels Sehnsucht nach Gott

Ich habe festgestellt, dass in Israel eine Sehnsucht nach dem lebendigen Gott besteht; deshalb ist es uns als Liebeswerk ZEDAKAH ein Bedürfnis, ein ›guter Geruch Christi‹ zu sein. Wenn es ›gut riecht‹, bedarf es keiner weiteren Worte. Wenn wir aber die jüdischen Menschen hinsichtlich des Messias mit frommen Worten zu überführen suchen, kommen wir meistens schlecht an. Im Wissen sind sie uns überlegen.

So sehen wir unseren wichtigen Dienst in Israel und den Dienst der Gemeinde an Israel. Wenn wir heute in Deutschland von Israel sprechen, so tun wir das ganz bewusst, weil man in der Gemeinde noch einen Bogen um Israel macht und weil noch viel an antisemitischem Geist in den Herzen verborgen ist. Wenn wir nun von einem Dienst der Gemeinde Jesu an Israel sprechen, so sehen wir diese Aufgabe nicht als Sache irgendeines Vereins oder eines besonderen Kreises. Manche sagen, es sei eben ein Hobby von mir. Nein, Israel ist für mich kein Hobby, denn ich könnte etwas anderes tun oder mich in den Ruhestand begeben und mir noch ein paar geruhsame Jahre gönnen. Nein, ich sehe hier eine Aufgabe, die die ganze

Gemeinde Jesu angeht. Wer richtig steht zu seinem Herrn Jesus Christus, der steht auch richtig zum Bundesvolk.

War denn Christus aus den Heiden? Nein, er kam aus den Juden. Man hat ihn im Dritten Reich zu einem Arier stempeln wollen, aber es ging nicht, da er aus dem Stamm Juda, vom Geschlecht Davids, kam.

III. Unser Segen für Israel

Israel zu segnen ist Aufgabe eines jeden Gotteskindes. Schon aus Dankbarkeit sollten wir jede Gelegenheit nützen, Segen an Israel weiterzugeben. Was haben wir doch unserm Herrn und Heiland zu danken!

Dieses Volk ist sehr liebesbedürftig, nachdem es all die Jahrhunderte nur verfolgt, gehetzt, schikaniert und von einem Land zum andern gejagt wurde. Es wurde überall nur geduldet, und wo irgendetwas passierte, hat man es beschuldigt. Wir kennen noch sehr gut diese Thesen, die in den Zeitungen und auf Plakatsäulen standen: ›Die Juden sind unser Unglück. Die Juden wollen den Krieg!‹ Wie wurden sie geängstigt, gemartert und in die Gaskammern geführt! – Ich meine, diese Leute brauchen Liebe. Wir bekennen: ›Die Liebe Gottes ist ausgegossen in unser Herz durch den Heiligen Geist.‹ So wollen wir auch diese Liebe weitergeben, die Israel umfasst. Gerade Liebe von uns Deutschen wiegt für sie doppelt. Weil wir Deutsche sind? Nein, weil wir es waren, die sich an ihnen versündigt haben wie kein anderes Volk zuvor.

Wie können wir dieses von uns so sehr geschlagene Volk etwas Liebe verspüren lassen? Diese Menschen merken bald, was von

Herzen kommt, und wenn wir ihnen Liebe entgegenbringen, wird sich keiner entziehen können. Jeder Gläubige ist mit Israel verwurzelt; deshalb sind wir schuldig, es zu segnen. Wir müssen erkennen, dass wir von Israel beschenkt sind. Deshalb sollte Israel heute unser zentrales Anliegen sein.«

KAPITEL 8

Helene Wyman – Wegbereiterin am Dienst für Israel (1955–1959)

Frau Nothacker hat die Geschichte von Helene Wyman (1877–1959) oft erzählt. Sie war eine messianische Jüdin und kam 1955 ins Haus Bethel. Frau Wyman hat von der großen Not in Israel berichtet. Sie sagte unter anderem, dass noch 30 000 ehemalige KZ-Häftlinge leben würden und denen müsse ganz dringend geholfen werden.

Lassen wir Luise Nothacker selber berichten: »Helene Wyman war Kind einer jüdisch-orthodoxen gottesfürchtigen Familie. Helenes Schwester und ihr Mann hatten den Messias Jesus Christus erkannt und angenommen. Als sie diese Nachricht bekam, war es für Helene Wyman, als ob ein Dolch durch ihr Herz ging: ›Meine Schwester: abgefallen vom jüdischen Glauben!‹ Auch die Eltern waren untröstlich und baten Helene, die Schwester dazu zu bewegen, wieder umzukehren. Nun, sie kam dort an und merkte schnell, dass sich ihre Schwester in positiver Weise zu einem anderen Menschen gewandelt hatte. Ihr Schwager, Dr. Leon Rosenberg, der Mann ihrer Schwester, hatte öfters Besuch von jüdischen Studenten. Da wurde debattiert. Helene war immer dabei, hörte stillschweigend zu. Aber all dies hätte sie nicht bewogen, dem Gedanken näherzutreten, Jesus könnte der Messias und der Sohn Gottes sein, sondern die Veränderung ihrer Schwester. Sie hat gemerkt: hier ist eine besondere Kraft.

Sie war hin und her gerissen. Der Gedanke arbeitete an ihr, doch im Blick auf ihre Eltern wies sie ihn von sich. Eines Abends aber betete sie: ›Gott Abrahams, Isaaks und Jakobs, wenn Jesus dein Sohn ist, dann offenbare es mir jetzt.‹

Im Bett hat sich ihr der Herr gezeigt durch ein inneres Licht – vielleicht hat sie es auch äußerlich gesehen. Eine Stimme war da, die dreimal sagte: ›Glaub! Glaub! Glaub!‹ In dem Augenblick schwanden alle Zweifel, und sie konnte es fassen, dass Jesus der Messias und ihr Heiland und Erretter ist.

Mit schwerem Herzen reiste Helene nach Hause. Als sie ihr Bekenntnis zu Jesus abgelegt hatte, musste sie ihr Vater laut Gesetz verfluchen. Er tat es und schloss den Fluch mit dem Satz: ›Sei, wo Jesus ist!‹ Helene sagte laut Amen, denn dieser Satz war eine Segnung für sie und keine Verfluchung.

In der Familie war nun durch die Bekehrung der Tochter eine starke Kluft entstanden. Helene hielt diese bedrückende Spannung nicht lange aus. Sie verließ das Elternhaus und suchte sich einen Arbeitsplatz. Eines Tages wurde sie mit dem messianischen Juden Pastor Frank aus Hamburg bekannt, der sie taufte. Er vermittelte ihr auch den Eintritt in das Marburger Diakonissenhaus. Helene war um 1900 die 37. Schwester im Werk von Pfarrer Krawielitzki. Nach einigen Jahren erhielt sie den inneren Ruf, ihrem Volk zu dienen. Sie schloss sich daher einer Judenmission an. Fünfzehn Jahre arbeitete sie in Odessa in Russland (heute Ukraine. Anm. d. Verlags), danach ebenso lange in Jugoslawien. Vielen Juden durfte sie den Weg zu ihrem Messias Jesus zeigen.

Nach der schweren Nazizeit kam sie nach London. Irgendwann hatte sie eine Eingebung, sie solle dafür beten, dass für ihr Volk ein Liebesdienst für Israel ausgeübt wird. Dann kam sie nach Deutschland, und zwar als Gast nach Maisenbach. Wir merkten bald, dass ihr Herz brannte für ihr Volk und die Not der KZ-geschädigten Juden.

Unser Auftrag in Maisenbach war die Rettung von Menschen, die Betreuung unserer Gäste und die Stärkung der Gemeinde Jesu. Für Israel hatten wir keinen Blick. Als sie bei uns war, ist unser Blick erst auf die Holocaustüberlebenden und überhaupt auf Israel gefallen. Wie schon Gott in Jesaja 62,6-7 sagen lässt: ›Ich will Wächter auf Zions Mauern stellen, die den ganzen Tag und die ganze Nacht nimmer stillschweigen sollen, bis dass Jerusalem zugerichtet und gesetzt werde zu Lob auf Erden‹ – ja, dann dürfen wir auch vor Gott Israel nicht vergessen. Wer sollen denn die Wächter sein? Die Welt nicht, sondern die Gläubigen! Und so hat Israel Schritt für Schritt in unserem Herzen doch seinen Platz eingenommen.«

Eines Tages trat Helene Wyman an Friedrich Nothacker heran mit der Bitte, für einige Zeit mit ihr nach Israel zu reisen. Zu Frau Nothacker sagte sie: »Ich suche einen Mann, der die Not meines Volkes auf sein Herz nimmt.« Zugleich versuchte sie Friedrich Nothacker zu überzeugen, dass es für seinen Dienst im Reich Gottes sehr wichtig sei, Israel näher kennenzulernen. Sie betonte dabei, dass das Geschehen in Israel im Blick auf die Endzeit von großer Wichtigkeit und Bedeutung sei.

Zuerst sagte Friedrich Nothacker zu diesem Vorschlag einfach: »Nein!« Mit der Begründung: »Dafür hab ich kein Geld.« Aber nach einiger Zeit kam Frau Wyman immer wieder und stellte erneut die Frage, ob er nicht doch bereit sei, mit ihr ins Heilige Land zu gehen.

Frau Nothacker berichtet: »Nachdem mein Mann mit allem Ernst vor Gott um Klarheit gerungen und diese auch empfangen hatte, gab er seine Zusage. Es war ihm klar, dass es sich dabei nicht um eine Vergnügungsreise, sondern um einen Auftrag handeln würde!«

Vom Schwarzwald auf den Karmel

Im Herbst 1957, etwa acht Wochen vor dieser ersten Reise nach Israel, waren Nothackers und Schwester Helene kurz in einem christlichen Heim in Zürich und trafen dort einen Herrn, der direkt aus Israel gekommen war. Während einer angeregten Unterhaltung mit ihm zog er einen kleinen Plan aus der Tasche und breitete ihn vor beiden aus. Darauf zeigte er ihnen die israelische Stadt Nahariya und seine kleine Pension dort in der Nähe des Wasserturmes und des Mittelmeeres. Er erwähnte auch, dass er diese verkaufen wolle. Er bat Friedrich, wenn er nach Israel käme, dort einen Besuch zu machen und seine Frau zu grüßen.

Friedrich Nothacker stellte kurz nach dieser Besprechung in Zürich einen Antrag für eine Reise nach Israel. Es dauerte nur kurze Zeit, da war der Bescheid da, dass die israelische Vertretung in der Bundesrepublik bereit sei, ihm das Visum für ein Vierteljahr zu geben. Nun gab es kein Zaudern mehr. Die nötigen Vorbereitungen wurden getroffen. Im Bericht von Friedrich Nothacker steht: »So verabschiedeten wir uns während einer Bibelfreizeit in unserm

Erholungsheim ›Bethel‹ am Sonntag, den 29. 12. 1957, von unsern Geschwistern. In einem Abschiedswort brachte ich zum Ausdruck, dass diese Reise mit ihren Folgen zu neuen Aufträgen führen würde.

In der Frühe des 30. 12. reisten Helene Wyman, zwei Freunde und ich mit einem Wagen ab. Wir fuhren über Nagold, Rottweil, Schaffhausen nach Zürich. Dort kamen wir gegen Mittag wohlbehalten an. Wir grüßten noch die lieben Geschwister, welche uns auch mit ihren Gebeten begleiteten. Die Reise ging weiter über das Städtchen Zug, die Achsenstraße bis nach Göschenen, wo wir gegen 17 Uhr ankamen. Da die Passstraße gesperrt war, haben wir das Auto verladen und fuhren bis Airolo mit der Bahn. Wie überrascht waren wir, als der Zug im Bahnhof einfuhr, denn wir hatten Frühlingswetter erwartet, doch hier lag meterhoher Schnee. Im langsamen Tempo ging es durch Schneewinde nach Süden. Bis nach Bellinzona lag noch Schnee. Abends fanden wir uns bei Geschwister Zwahlen in Locarno-Losone ein. Wir dankten dem Herrn für sein treues Geleit. Am andern Tag fuhren wir ab, entlang dem Lago Maggiore im wunderbaren Sonnenschein. Als wir uns immer mehr der Po-Ebene näherten, fuhren wir stundenlang im Nebel. In Alexandrien kam wieder die Sonne zum Vorschein. Wohlbehalten erreichen wir Genua und übernachteten dort.

Am Morgen des 1. Januar 1958 fuhr ich mit meinen Freunden, welche den Wagen wieder nach Deutschland bringen sollten, bis zum Eingang der Autobahn, die nach Norden geht. Die Brüder durfte ich der Gnade des Herrn befehlen; mit ihnen ging ein Stück Heimat.

Um 16 Uhr begaben wir uns aufs Schiff. Die ›Enotria‹ sollte sechs Tage unser ›Zuhause‹ werden. Als uns die Kabinen zugewiesen wurden, begab es sich, dass ich dieselbe mit freundlichen Menschen aus Israel teilte. Einer war Offizier der jüdischen Armee, der andere ein Uhrmacher aus Tel Aviv, der Dritte ein junger Mann, der sieben Sprachen beherrschte. Kaum waren wir in den Kabinen, da hörten wir eine lebhafte Diskussion. Der italienische Beamte und das Schiffspersonal verhandelten mit einer Frau aus Zypern. Man wollte ihr ihren Koffer nicht aushändigen, weil sie kein Geld mehr hatte, den Zoll zu bezahlen. Helene Wyman erfasste gleich die Situation und bezahlte den Zoll für die Frau; unter Tränen bedankte sie sich. Dieses Erlebnis gab Helene Wyman den Anlass zu Gesprächen mit jüdischen Menschen. Am 2. 1. kamen wir am Spätnachmittag in Neapel an. Es war ein wunderbarer Anblick, rechts sahen wir den Vesuv und vor uns die Stadt. Für kurze Zeit konnten wir das Schiff verlassen. Am andern Morgen fuhren wir am rauchenden Stromboli vorbei. Gegen Mittag ging es im herrlichen Sonnenschein durch die Straße von Messina. Ein wunderschöner Anblick, der rauchende 3670 m hohe Ätna, welcher mit Schnee bedeckt war. In der Frühe fuhren wir zwischen Achaja und Mazedonien, durch den Kanal von Korinth nach Piräus-Athen. Als wir Korinth vor uns hatten, dachten wir an den Apostel Paulus, wie er in dieser Gegend Zeugnis von dem auferstandenen Herrn Jesus Christus gab. In Piräus hatten wir einen halben Tag Zeit.

Wir durften an Land gehen und fuhren zur Akropolis. Ein Stück alter antiker Welt sahen wir vor uns. Als der Apostel Paulus die vielen Götzentempel mit ihren Altären sah, war er sehr bewegt und verkündigte nach Apostelgeschichte 17 den einen noch unbekannten Gott, dem die Griechen auch einen Altar aufgerichtet hatten. In einer alten, engen Geschäftsstraße trat uns deutlich vor Augen, dass wir uns im Orient befanden. Schumacher-, Schlosser-, Tischler-, Tuchgeschäfte usw. waren alle zur Straße hin offen. Nach 22 Uhr fuhr das Schiff weiter zur Insel Zypern. Das Schiff legte am nächsten Tag vor dem Hafen Limosola an. Wir durften das Schiff nicht verlassen. Es stand wegen der Unruhen, die im Land herrschten, während der Wartezeit unter strenger Militärkontrolle. Hier befanden sich früher einmal blühende Christengemeinden, die von Paulus und seinem Mitarbeiter Barnabas gegründet wurden.

Die erwähnte Frau aus Zypern erzählte uns, dass jetzt noch gläubige Christen dort zu finden wären. Gegen 22 Uhr traten wir das letzte Stück unserer Schiffsreise Richtung Haifa an. Am 7.1., etwa 6 Uhr, fuhren wir im Hafen von Haifa ein. Wir dankten dem Herrn, der uns in seiner Güte auf der Fahrt geleitet und bewahrt hat. Nach der Zoll- und Pass-Kontrolle befanden wir uns nun im Heiligen Land. Nach kurzem Warten wurden wir von Bruder Meyer und Maly Kagan gesehen, erkannt und freudig begrüßt. Mit einem Taxi fuhren wir dann auf den Karmel.«

Bescheidener Anfang in Israel (1959)

Nachdem Friedrich Nothacker und Helene Wyman gut in Israel angekommen waren, war Nahariya ihr nächstes Ziel. Es war in einer früheren Besprechung im Herbst 1957 in Zürich vereinbart worden, wenn Friedrich Nothacker nach Israel kommt, soll er die Pension Lido in Nahariya aufsuchen. Die Stadt Nahariya liegt ungefähr 30 km nördlich von Haifa. Dort konnte er dann manche wichtige Dinge mit der Frau des Besitzers besprechen und auch klären. Er wohnte noch acht Tage in dieser Pension.

Frau Nothacker berichtete dann einige Zeit später darüber: »Dieses Haus sollte nach Gottes Plan und durch das Wohlwollen vieler

Freunde die Stätte werden, wo wir unsern Liebessauftrag verwirklichen sollten.

Zunächst sahen wir aber nur die Möglichkeit, Helene Wyman in der Ausführung einer kleinen Liebestätigkeit an ihrem an Leib und Seele verwundeten Volk zu unterstützen. Sie bestand darin, dass der Christliche Hilfsbund, der inzwischen unter diesem Namen bestand, eine Wohnung auf dem Karmel für Helene Wyman mieten konnte. Helene Wyman wollte also noch im Alter von 81 Jahren jüdische Menschen aufnehmen und ihnen praktische Liebe erweisen. Wir haben sie darin unterstützen können. Bei diesem Dienst kam sie ums Leben. Der Herr nahm sie plötzlich weg – sie ist tödlich verunglückt.

Ende 1959 wurde in der Zentrale im Haus Bethel in Maisenbach mit einigen Verantwortlichen und Glaubensbrüdern im Aufblick zum Herrn und auch in innerer Gewissheit der Beschluss gefasst, die angebotene Pension ›Lido‹ in Nahariya käuflich zu erwerben. Es war ein Glaubenswagnis, da wir kein Geld dafür in den Händen hatten. Doch der Herr, dessen ›Silber und Gold‹ ist, ließ uns Schritt für Schritt seine Hilfe erfahren. Und zwar durch uns nahestehende Geschwister und Freunde, die für diesen Glaubensschritt ihre Opfer brachten.

Mein Mann reiste in den ersten Januartagen des Jahres 1960 erneut nach Israel, um den Kauf zu tätigen und die übernommenen Betten, Schränke und so vieles andere in Ordnung zu bringen – ich folgte ihm Mitte März. Es wartete ein Großputz auf mich, bei dem mir mein lieber Mann geholfen hat. Es war ein freudiges Arbeiten. Abends sangen wir oft miteinander Glaubenslieder. Dabei durften wir unzählige Gebetserhörungen erfahren.

Wir sahen es auch als freundliche Führung vom Herrn, dass Herr und Frau Lehmann, die nicht sehr weit entfernt von uns wohnten, uns treu mit Rat und Tat zur Seite standen. Ebenso wohnte das liebe Ehepaar R. in unserer näheren Umgebung, die auch eine Pension in der Nähe unseres neuen Heimes führten. Beide Familien hatten auch nächste Angehörige und Verwandte im KZ verloren. Was uns die Unterstützung dieser Freunde beim Niederlassen im fremden Land bedeutete, können wir nicht dankbar genug bezeugen, zumal wir als Deutsche dies in Israel nicht erwartet haben. Durch Familie L. wurden wir mit anderen jüdischen Menschen bekannt; wir lernten in ihrem Haus auch den Rabbiner von Nahariya kennen.«

KAPITEL 9

Einweihung von Haus »Beth-El« in Nahariya

»Ende April 1960 konnten wir die Einweihung des hergerichteten Hauses feiern; wir nannten es ›Beth-El‹ (Haus Gottes) und es sollte KZ-geschädigten jüdischen Menschen zu einem 14-tägigen kostenlosen Erholungsaufenthalt dienen. Zur Einweihungsfeier kamen, neben anderen Gästen, Damen und Herren der Stadtverwaltung und Sozialarbeit sowie auch der Rabbiner Dr. Keller. Er sagte bei seiner Ansprache unter anderem: ›Ich schätze die Gerechten aus den Heiden sehr.‹ Einige Tage nach der Einweihung nahmen wir die ersten KZ-Geschädigten als unsere Gäste auf. Dann machte der Herr Menschen willig, die die Stelle als Hauseltern übernommen haben. Sie reisten im Juli 1960 nach Israel. Im Winter desselben Jahres bauten wir die offene Speiseterrasse aus. Ein Bauingenieur, Karl Hospodarsch, diente uns mit seinen guten Kenntnissen. Wie oft fertigte er nicht nur Pläne an, sondern half mit seiner Frau bei der praktischen Durchführung aller wichtigen Arbeiten«, berichtete Frau Nothacker.

Eines Tages wurde Friedrich Nothacker von Dr. Lehmann, einem Journalisten, der in seiner Nachbarschaft wohnte, ganz persönlich gefragt, ob er einen guten Hilfsfonds hätte, wenn er laufend jüdische Menschen unentgeltlich aufnehmen könne. Nothacker antwortete: »Nein!« Er könne ihm aber sehr zuversichtlich mitteilen: Dass der Gott Abrahams, Isaaks und Jakobs seine zuverlässige Hilfe sei! So, und nur so, dürfe er Tag für Tag bis ins Kleinste hinein erleben, wie Gott wunderbar hilft. Dies möchte er zur Ehre des Herrn sagen, denn Gottes Verheißungen gelten noch: »Ich will segnen, die dich segnen« – das stimmt!

In den großen Zeitungen des Landes wurde von dem Heim berichtet, welches nazigeschädigte Menschen zur Erholung aufnehmen würde, ohne nur einen Piaster zu verlangen. Es war für sie fast unglaublich, zumal dies von Deutschen ausging. So wurde dieses Liebeswerk bald sehr bekannt, sodass viele Bitten und Anfragen um Aufnahme an das Heim ergingen. Es wäre nicht verwunderlich gewesen, wenn diese misshandelten Menschen gesagt hätten: »Nein, mit den Deutschen wollen wir nicht wieder zusammenkommen.« Aber sie kamen. Zuerst verschlossen. Aber schon nach wenigen Tagen fanden sie es wohltuend, »Öl auf ihren geschlagenen Wunden« zu spüren. Viele leiden seelisch und auch körperlich noch sehr wegen der grausamen Behandlung in den Konzentrationslagern.

Was wir für unsere Gäste tun können

Friedrich Nothacker meinte: »Wir lesen unsern Gästen am Tisch Gottes Wort vor, wodurch sich viele Gespräche ergeben und wir Gelegenheit haben, von der Liebe Christi zu zeugen. Doch vor allem muss unser Wandel predigen. Gerne nehmen sie dann die Bibel Alten und Neuen Testamentes mit nach Hause, die wir in verschiedenen Sprachen haben. Verschiedentlich hatten wir auch schon arme nazigeschädigte messianische Juden – meist als Sondergruppen – im Heim, die für die laufenden Bibelbetrachtungen besonders dankbar waren.

Als ich 1960/61 mit Freunden zwecks baulicher Veränderungen in Nahariya weilte, saß mir solch ein ›Entronnener‹ (gemeint ist ein Nazigeschädigter) gegenüber. Er berichtete von seinem schweren Leidensweg. Als Schuhmachermeister hatte er in Ungarn ein gutes Auskommen für seine Frau und seine sechs Kinder, bis er in dieser schrecklichen Zeit zwangsverschleppt wurde. Zuletzt geriet er noch in die berüchtigten Hände des Arztes Dr. Mengele. Der Mediziner Josef Mengele war einer der übelsten Verbrecher des Naziregimes. Auch ihm wurde Furchtbares angetan. Seine Frau und seine Kinder sah er nie wieder.

Als ich so die Leidensgeschichte dieses Mannes anhörte, wurde mir deutlich, dass wir angesichts solchen Geschehens noch mehr tun sollten. Wir entschlossen uns, das Heim aufzustocken, um noch mehr von den 30 000 überlebenden nazigeschädigten Juden aufnehmen zu können.

Wie schon berichtet, erhalten sie einen kostenlosen 14-tägigen Erholungsaufenthalt in unserm Heim ›Beth-El‹. Es liegt etwa 120 m vom Meeresstrand entfernt, was bei dem heißen Klima sehr wohltuend ist durch die frische Brise vom Meer her.

Ein lieber Freund unseres Werkes, der Bauingenieur Karl Hospodarsch, setzte sich mit seiner Frau und einigen Freunden vorbildlich dafür ein, dass das Haus aufgestockt werden konnte. Im Herbst 1962 konnten die Zimmer schon bezogen werden.

Neben den Räumen für die Mitarbeiter und sonstigen Räumen hatten wir Platz für Gruppen mit 18 Personen. Dadurch dürfen wir ein wenig nachholen, was der Herr Jesus in Matthäus 25,31-45 sagt: ›Was ihr getan habt‹ und ›was ihr nicht getan habt‹.«

Friedrich Nothacker betonte es immer wieder bei seinen Freundestreffen in Maisenbach und auch in den vielen öffentlichen Vorträgen, die er in der Zeltmission hielt: »Es ist mir sehr wichtig und ist mir auch ein Gebetsanliegen, dass Gott unsern Mitarbeitern, die in Nahariya im Dienst der Liebe stehen, es täglich neu schenkt, was ein Liedvers zum Ausdruck bringt: ›In Wort und Werk und allem Wesen sei Jesus und sonst nichts zu lesen.‹

Diese Art spricht auch die Juden an und sie kommen und kommen immer wieder, weil sie sich in dieser Atmosphäre wohlfühlen und mehr hören wollen.«

Dankbarer Rückblick von Gästen

Von den vielen Gästen, die gerne im Haus Beth-El waren und einen sehr freundlichen Aufenthalt genossen haben, wird in einem Gästebuch berichtet. Sie schrieben ihre Eindrücke nieder, wie freundlich und liebevoll sie behandelt wurden. Ich greife nur zwei Beiträge unter den vielen guten dankbaren Berichten und Erlebnissen heraus:

Ein Herr U. F. schreibt: »Nach Verbringen zweiwöchiger Erholungsferien im Haus Beth-El schreibe ich in das goldene Buch mein Denken. Als ich im Jahre 1945 zurückgekehrt bin vom KZ-Lager als 95-prozentig schwerbeschädigter Invalide und trotz den unmenschlichen Bedingungen (mit Schlägen) war ich immer der Meinung, dass an dem großen Unglück von über sechs Millionen Juden nicht das ganze deutsche Volk schuldig ist, sondern nur die, die sich mit den nationalsozialistischen Führern verbunden haben. Jetzt, wo ich die Möglichkeit hatte, 14 Tage im Heim Beth-El in Nahariya zu verbringen, wo ich die kennenlernte, die mit hingegebener Seele die Arbeit tun. Die Heimleiter Hofmann, die in der Hitze von morgens früh bis abends spät schwer gearbeitet haben, damit die Gäste umsonst allerlei gesunde Speise haben. Die für Sauberkeit und Bequemlichkeit gesorgt haben mit einem angenehmen Gesicht und einer Höflichkeit in jeder Beziehung, bin ich jetzt noch fester überzeugt in meiner Meinung. Ich denke, dass solche Menschen wie Familie Hofmann auch in Deutschland sind, um mit ihrem kleinen, gesparten Geld zu helfen den Schmutz zu reinigen, der durch die SS-Männer am deutschen Volk entstand. Ich glaube, dass jeder Gast, der Beth-El verlässt, derselben Meinung ist. Ich und meine Frau danken der Familie Hofmann von ganzem Herzen und wünschen ihnen Erfolg in der weiteren nützlichen Arbeit. Soll der liebe Gott auch ihnen mithelfen. Amen.«

Einen weiteren Beitrag schreibt Frau Klara Halasz aus Haifa in das Gästebuch: »›Die Größe eines Menschen hängt nicht von seinem Wissen und seinem Gelten ab, ein Mensch ist so groß, wie er einem nützen kann, und er nützt so viel, wie er ihnen mit Liebe dienen will‹ (Sadhu Sundar Singh). In dieser Hinsicht sind die Leiter des Liebeswerkes in Nahariya/Israel die allergrößten Menschen. Die 14 Tage, die ich hier verbrachte, waren nicht nur außerordentlich angenehm, sondern ein wirklicher Segen für meine Seele. Der Hausvater, Herr Hofmann, sowie die liebwürdigen geschickten Mithelferinnen, seine Tochter Elisabeth und die unermüdlichen, immer nur für das Wohlsein der Gäste sorgenden Schwestern haben sich bemüht, dass es so sei, und weil sie es nicht aus Pflichtgefühl, sondern von Herzen gerne und mit großer, taktvoller Liebe getan haben, ist es ihnen gelungen.

Alle Menschen, die leiden oder gelitten haben, werden sich hier erquicken. Hier strömt die uneigennützige Liebe aus einer unendlichen Quelle. Die ruhige Atmosphäre, die hier herrscht, die Sauberkeit, das schmackhafte, abwechslungsreiche und immer appetitliche, schön servierte Essen, die Aufmerksamkeit, mit der man für uns sorgt, sogar unsere Gedanken zu erraten versteht, und die Liebe, mit der uns alle entgegenkommen und helfen, hat das Resultat, dass man an Körper und Seele erfrischt, mit neuer Hoffnung und starkem Glauben an menschliche Güte und Hilfsbereitschaft, damit auch an eine bessere Zukunft der Menschlichkeit, wo nicht mehr der Hass, sondern die Liebe und das Verstehen, die gegenseitige Hilfe herrschen wird, ins Leben zurückkehrt.

Ich nehme Abschied mit einem innigen, warmen Dankgefühl zu Gott, der mich hergeführt hat, und zu denjenigen, die seinen Willen ausführen. Ich wünsche, er soll euch Kraft geben, euer Liebeswerk in vollem Sinn des Wortes weiter ausüben zu können.«

KAPITEL 10

Givat Zaid – eine Heimat für geistig behinderte Kinder (1963–1964)

In den Wintermonaten 1962/63 waren Friedrich und Luise Nothacker als Hauseltern in Nahariya tätig. Paul Taine, ein messianischer Jude aus Australien, war auch dort, und ihn beschäftigte ein Anliegen, dass in Israel ein Kinderheim für geistig behinderte Kinder entstehen solle. Da er nirgends eine Möglichkeit fand, dies umzusetzen, wandte er sich direkt an Friedrich Nothacker mit der Bitte, dass er doch, neben seinem Haus Beth-El, so ein Kinderheim betreiben könne. Zuerst sah Friedrich Nothacker keine Möglichkeit, dies zu tun. Später sprachen verschiedene jüdische Bürger auch mit ihm über dieses Anliegen, weil die Not auf diesem Gebiet sehr groß war.

An Weihnachten 1962/63 weilten gerade zwei Schweizerinnen, Lisel Moser und Anni Rickenbacher, in Nahariya. Sie luden Nothackers ein, ihre Tätigkeit in Jerusalem für geistig behinderte Kinder von der Organisation »Akim« in den Blick zu nehmen. Als Nothackers im Januar 1963 dort waren, wurde es ihnen klarer, dass solch eine Arbeit in ländlicher Gegend durchgeführt werden könnte. Man wollte den Kindern Bewegungsfreiheit zur Arbeit und beim Spielen geben. Man dachte dabei an Nes Ammin, ein zu gründendes christliches Dorf. Nothackers besprachen diese Angelegenheit mit der Organisation Nes Ammin. Es wurde dann gesagt: »Später wird dies möglich.«

Eines Tages erschien bei Friedrich Nothacker ein Herr Lehmann und brachte einen Herrn Dr. Hirsch mit, der aus Haifa stammte. Beiden Männern lag die Not der geistig behinderten Kinder ebenfalls sehr am Herzen. Dabei kam auch zur Sprache, dass in der Nähe von Tivon – zwischen Haifa und Nazareth – ein schon jahrelang leer stehender Kibbuz namens »Givat Zaid« steht, der für so ein Kinderwerkdorf zu bekommen wäre. So kam plötzlich diese Angelegenheit direkt auf Friedrich und Luise Nothacker zu. Herr Lehmann hatte den Wunsch zum Ausdruck gebracht, dass dort auch »der Liebesdienst« wie im Heim Nahariya praktiziert werden könne.

Am Ostermontag 1963 fuhren Nothackers mit Dr. Hirsch, Herrn Lehmann und den beiden Schweizerinnen dahin, um sich ein Bild von diesem Kibbuz Givat Zaid zu machen. Ein jüdisches Ehepaar Grinker, das bereits ein privates Heim für Kinder in der Nähe von Givat Zaid hatte, schloss sich dieser Besichtigung an. Alle fanden den Ort geradezu ideal für diese Sache, zumal die Hügel schon bewaldet waren. Aber sonst war alles so verwildert, dass es im Moment nicht ermutigend wirkte. Die 18 vorhandenen Kibbuz-Häuser waren in einem sehr verwahrlosten Zustand und das Gelände mit Dornen und Disteln bewachsen, in dem giftige Schlangen hausten. Alle wussten, dass dieses Kinderwerkdorf nicht zustande käme, wenn

Nothackers nicht mit Hand anlegen würden. Diese Sache wurde dann mit den Verantwortlichen im Vorstand sehr ernsthaft geprüft und im Gebet vor Gott gebracht. Alle Verantwortlichen sahen hier eine offene Tür, die Gott auftat, und man müsse jetzt auch ganz praktisch zur Tat schreiten.

Als dann in einem Rundschreiben um Handwerker und Fachleute geworben wurde, meldeten sich 40 Personen zum Einsatz nach Israel.

Ein gewichtiges Wort von Golda Meir (1963)

Doch dieser erste Einsatz war schon bereits auf der Hinreise mit dem Schiff gefährdet. Das Sammelvisum für die Bauhelfer wurde nicht richtig beantragt und eingereicht, sodass die Genehmigung nicht erteilt werden konnte, in Haifa vom Schiff zu gehen. Herr Lehmann kümmerte sich darum. Nachdem er vom Büro zurückkam, ging er direkt zu Friedrich Nothacker ins Haus Beth-El/Israel und sagte ihm: »Und Sie können da noch praktisch arbeiten? Stellen Sie sich vor, was ist, wenn die Gruppe nicht vom Schiff darf!« Da sagte Friedrich Nothacker zu Lehmann: »Wenn Gott will, dass die Gruppe vom Schiff kommt, dann kommt sie vom Schiff!« Das hat Herrn Lehmann sehr beeindruckt, dass Nothacker in der schwierigen Situation so etwas sagen konnte.

Trotzdem wurde Herr Lehmann in dieser brenzligen Lage aktiv. Es war gerade eine wichtige Sitzung im Parlament. Lehmann rief in der Knesset an und bat sehr eindringlich, doch die Bauhelfer vom Schiff gehen zu lassen – die aus Unkenntnis ihr Visum nicht richtig beantragt hatten. Bei dieser Sitzung war auch Golda Meir

(1898–1978) zugegen, die damals Außenministerin war. Die sagte zu den wichtigen Leuten im Parlament: »Meine Herren, wir können uns keinen Skandal leisten – lassen Sie die Leute vom Schiff!« Dieses Wort von Golda Meir hatte großes Gewicht und wurde auch angenommen, sodass die Gruppe sehr schnell das Schiff verlassen konnte.

Unter der bewährten Leitung von Bauingenieur Hospodarsch konnten die dringenden Arbeiten im Kibbuz Givat Zaid begonnen werden. Erst wurde entrümpelt, dann wurden die beschädigten Dächer repariert, Türen und Fenster repariert oder neu gemacht. Elektrische Leitungen mussten verlegt werden und auch die Wasserleitung wurde ganz neu installiert. Sobald man draußen arbeiten konnte, hat der Landwirtschaftsmeister Vöhringer die großen Flächen mit seinem Traktor bearbeitet und das Gelände in Ordnung gebracht. Die Frauen und Mädchen haben für das leibliche Wohl gesorgt.

Dreimal in der Woche wurde in den Bibelarbeiten das Glaubensleben von Abraham erklärt, was auch zur besseren Einstellung der Bauhelfer zum Volk Israel beitrug.

Allgemein erregte die Arbeit, die dort geschehen konnte, großes Aufsehen im Land. Selbst am Sabbat kamen viele Besucher. In Fernsehen, Radio und in der Presse wurde viel vom Kibbuz und dem Geschehen dort berichtet.

Schon nach drei Monaten konnten die ersten behinderten Kinder einziehen. Im Jahr 1964 wurde die Einrichtung eingeweiht. Sie bietet 200 Behinderten Wohnung und Beschäftigung. Auf dem Gelände Kfar Tikva befindet sich heute eine Winzerei, eine Hundezucht, eine Keramikwerkstatt und eine Kerzenfabrik. Herr Lehmann äußerte damals bei der Einweihung: »Ohne den Einsatz von Friedrich Nothacker und seinen Mitarbeitern von ZEDAKAH wäre das Projekt nie entstanden!« Eine Zeitung hat die Bau- und Renovierungsarbeiten in Givat Zaid beobachtet. Sie hat folgenden Bericht veröffentlicht: »Wenn sich das ›Dorf der Hoffnung‹ – Kfar Tikva – nach zwei Jahren als sauberes, gepflegtes Dorf dem Besucher präsentiert, so ist dies in erster Linie der Hilfe und der Mitarbeit von Christen aus Deutschland und der Schweiz zu verdanken, die in zwei Einsätzen in monatelanger Arbeit mit 40–50 Fachkräften entscheidende Arbeit geleistet haben. Ja, es kann gesagt werden, dass es ohne den freiwilligen, kostenlosen Dienst dieser überzeugten Menschen, die vom Christlichen Hilfsbund ZEDAKAH e. V., Maisenbach, der auch das »Beth-El« in Nahariya trägt, rekrutiert wurden, noch lange Zeit kein Werkdorf gegeben hätte. Ganz abgesehen von der Tatsache, dass sich in Israel niemand gefunden hätte, der bereit gewesen wäre, Facharbeit ohne Lohn zu leisten.«

Deutsch-israelische Zusammenarbeit

Kfar Tikva war die erste Behinderteneinrichtung, die die Universität überzeugen konnte, ihre Bildungsprogramme für Behinderte anzubieten. Seitdem nutzt die Universität Haifa das Programm zur Ausbildung der Studenten in sozialen Berufen. In einem Bericht ist Folgendes dokumentiert: »Es waren deutsche Volontäre des Vereins ZEDAKAH e. V., die 1963 die Gebäude des ehemaligen Kibbuz Givat Shaul für die Behinderten herrichteten. Seit dieser Zeit ist Kfar Tikva ein aktives und besonderes Zeichen deutsch-israelischer und christlich-jüdischer Zusammenarbeit. Hier arbeiten deutsche, israelische, jüdische und christliche Volontäre zusammen mit Chaverim (hebräisches Wort für Freunde). Diese Zusammenarbeit wird immer wieder durch den Besuch deutscher Delegationen und des deutschen Außenministers gewürdigt.«[13]

[13] https://de.wikipedia.org/wiki/kfar_Tikva (besucht am 12. 07. 2016).

KAPITEL 11

Der Beginn in Shavei Zion (1966)

Der Dienst an den Holocaust-Geschädigten in Nahariya geschah unter Gottes Segen und fand freundliche Zustimmung, sowohl bei den Juden in Israel als auch in Deutschland bei den freiwilligen Mitarbeitern und Spendern. Inzwischen war auch das aufgestockte Haus Beth-El (die einstige Pension »Lido«) zu klein geworden.

Friedrich Nothacker betete zu Gott, auf welche Weise er den erholungsbedürftigen Juden noch mehr entgegenkommen könne. Zugleich hielt er Ausschau nach einem geeigneten und schön liegenden Grundstück. Sein Augenmerk richtete sich dabei auf Shavei Zion. Einen Ort, der gut denkbar war wegen des guten Klimas.

Die Bedeutung der Siedlung

Shavei Zion, zu Deutsch »Heimkehrer nach Zion«, liegt zwischen Haifa und der libanesischen Grenze. Shavei Zion ist ein Moshav, eine genossenschaftlich organisierte Siedlung, die 1938 von einer aus Deutschland eingewanderten Gruppe von Juden gegründet worden ist. Die Mehrzahl der Einwanderer stammt aus Rexingen bei Horb am Neckar, einem kleinen Dorf in Württemberg. Es waren nicht zionistische Ideale, die die Rexinger in die Ferne lockten, sondern die nüchterne Überlegung und dringende Notwendigkeit, sich in Sicherheit zu bringen. Die Rexinger Auswanderer gehörten zu den Klugen, die den deutschen Boden noch rechtzeitig verließen und so den Gaskammern der Nazis entkamen. Von den übrigen Rexinger Juden, die sich nicht zur Auswanderung entschließen konnten, sind bald darauf fast alle, insgesamt 128 Menschen, in den Konzentrationslagern umgekommen.

»In Shavei Zion steht auch ein Denkmal, das an Otto Hirsch erinnert. Otto Hirsch war ein sehr bedeutender Architekt und Brückenbauer in Stuttgart. Dafür erhielt er von den Nazi-Deutschen kein Denkmal, sondern das KZ, weil er Jude war. Dort wurde er wie viele seiner Leidensgenossen umgebracht. Israel hat dem bedeutenden Mann in Shavei Zion eine Erinnerungsstätte geschaffen. Professor Heuss, von 1949 bis 1959 Bundespräsident, kam im Jahr 1962 zur Einweihung. Alle ›Schwaben‹ der ganzen Umgebung waren auf den Beinen und streckten dem beliebten Deutschen die Hände hin. Als Heuss auf gut Schwäbisch sagte: ›No lasset me erscht emol nach vorne!‹ (›Nun lasst mich erst einmal nach vorne gehen!‹) – da kamen manchem der Ausgewanderten die Tränen. Sie hatten trotz der schauerlichen Verfolgung ihre Heimat noch nicht vergessen.

Das Hirsch-Denkmal hat eine biblische und eine messianische Charakteristik. Man sieht einen Baumstumpf, aus dessen Wurzelwerk ein neuer Spross gewachsen ist. Damit ist Jesaja 11,1 versinnbildlicht: ›Es wird eine Rute aufgehen von dem Stamm Isais und ein Spross aus seiner Wurzel Frucht bringen.‹ Was dieses Denkmal aussagt, gilt nicht nur dem Schicksal von Otto Hirsch, sondern dem Ergehen seines ganzen Volkes.«[14]

»Es liegen auch noch andere Kontakte vor. Als ein Bauer sein Feld in Shavei Zion pflügte, riss seine Pflugschar ein Stück Mosaik heraus. Es wurde nachgegraben und man entdeckte einen ganzen Mosaik-Fußboden. Natürlich nahmen sich die Archäologen der Fundstelle an. Sie kamen aus dem Staunen nicht mehr heraus. Die Ruine einer christlichen Seefahrerkirche wurde entdeckt. Das am Boden liegende Kreuz zeigt, dass es sich um eine Kirche der vorbyzantinischen Zeit handelt. In der byzantinischen Epoche war das nicht mehr gestattet. Man sagte, das sei des Kreuzes unwürdig, dass Menschen darauf herumtreten. Die Archäologen stellten fest, dass es die bisher älteste christliche Kirche ist, deren Ruinen man in Israel gefunden hat.«[15]

Grundsteinlegung für das neue Erholungsheim

Dort, in der Nachbarschaft von Schwäbisch sprechenden Juden, fand sich ein geeignetes Grundstück, auf dem das neue Erholungs-

---

14 Kurt Koch in: Israel, Rundbrief 51 der Bibel- und Schriftenmission Dr. Kurt Koch, Aglasterhausen 1968, S. 57.

15 Ebd., S. 73.

heim entstehen sollte. Gott selbst lenkte Herzen und Gedanken, und Friedrich Nothacker erhielt ein Angebot von 8 000 qm Land am Mittelmeer. Um den Bauplatz erwerben und mit dem Neubau beginnen zu können, galt es erneut, um die nötigen Mittel zu beten.

Der Herr ermöglichte es, im Herbst 1966 mit einem Bautrupp wieder nach Israel zu reisen und mit den Arbeiten zu beginnen. Am 9. November, dem Jahrestag der Reichspogromnacht, wurde in Shavei Zion der Grundstein für das neue Gästehaus gelegt. Ein guter Freund des Liebeswerks in Israel, Erich Lehmann aus Nahariya, nahm bei seiner Ansprache auf dieses Datum Bezug und sagte: »An einem 9. November brannten in Deutschland die Synagogen (9. 11. 1938) als Fanal von Krieg und Zerstörung. Und sie setzen heute, 28 Jahre später, mit dieser Grundsteinlegung ein Zeichen der Liebe, der Versöhnung und des Friedens.« Der Ortsverwaltung von Shavei Zion, dem Bürgermeister Dr. Scheuer und ebenso dem Rechtsanwalt Dr. Bernblum in Haifa hatte die Heimleitung viel zu verdanken, dass der Grundstein ohne Probleme gelegt werden konnte.

Wieder waren es junge Leute aus Deutschland, darunter auch solche, die zum wiederholten Mal mehrere Monate opferten, um beim Aufbau in Israel mitzuhelfen. Das milde Mittelmeerklima erlaubte auch im Winter die Arbeit im Freien. Ein Teil der jungen Männer schlief im sogenannten Machsan, einem Schuppen mit zwei Dreistockbetten. Die mittleren Betten waren begehrt, weil unten die Mäuse und oben der eindringende Regen die Nachtruhe störte. Jeder Tag begann mit einer Morgenandacht und Gebetsgemeinschaft und mehrmals in der Woche traf man sich zum Bibelstudium. So wurden die Arbeitsgemeinschaften zum Segen für das Werk und für jeden Einzelnen. Es entstanden Freundschaften, und aus ihren Reihen gingen Mitarbeiter hervor, die sich für Jahrzehnte dem Werk verschrieben.

Plötzliche Erkrankung von Friedrich Nothacker

Wie gerne wäre Friedrich Nothacker mit den Bautruppleuten im Oktober 1968 noch einmal mit nach Israel gereist. Und wie gerne hätte er sich mit seiner ganzen Kraft, zusammen mit den Helfern, für das Entstehen des Heimes eingesetzt. Doch der Herr über Leben und Tod hatte es in seinem Plan anders bestimmt.

Anfang Juli 1968 stellten sich bei Friedrich Nothacker leichte Beschwerden ein, die ihn aber nicht hinderten, seine geplante Arbeit weiterhin zu tun. Doch dann zwangen ihn heftige Gallenkoliken, zeitweise das Bett zu hüten. Es folgten Krankheitstage mit Fieber und zunehmender Schwäche. Doch er vertraute weiterhin seinem Herrn, dass er eingreifen und die Sache zum Guten wenden werde.

Da es mit dem Fieber und der Schwäche nicht besser wurde, überwies ihn der Arzt Anfang September in das Tropenheim, Paul Lechler Krankenhaus, Tübingen, ein. Es sollte dort festgestellt werden, wo die Krankheit ihre Ursache hatte und wie Abhilfe geschaffen werden könne. Bei dieser Untersuchung stellte sich heraus, dass eine dringende Operation an der Bauchspeicheldrüse geschehen muss.

Zwei Tage vor der Operation besuchten ihn seine Mitarbeiter von Maisenbach. Er bat sie, ihm das Lied zu singen: »Gott will's machen, dass die Sachen gehen, wie es heilsam ist …«. Doch der Eingriff, die schwerwiegende Operation, brachte das Ergebnis, dass der Oberarzt zu Frau Nothacker sagte: »Wir müssen sehr für Ihren lieben Mann die Hände falten – wir wissen nicht, ob er das kreislaufmäßig übersteht.« Es folgten drei Tage des Leidens, in denen sich der Kranke trotz äußerer Schwäche in seinem Herrn und Heiland Jesus Christus geborgen fühlte. Etwa vier Stunden vor seinem Heimgang zu seinem Herrn kamen die letzten vernehmlichen Worte über seine Lippen: »Jesus ist Sieger!«

Friedrich Nothacker bestimmte noch im Tübinger Krankenhaus unter Handauflegung und Gebet Hans Bayer als seinen Nachfolger.

Sein Heimgang

Am 20. September 1968 holte ihn sein Herr ohne Todeskampf in seine wunderbare himmlische Ewigkeit. Bei allem Schmerz war seine Frau getröstet in der Hoffnung der ewigen Herrlichkeit. Die Hoffnung des ewigen Lebens ist die Brücke von der Zeit in die Ewigkeit, von der Erde zum Himmel. Wie ganz anders erscheint uns im Licht dieser Hoffnung das Grab und unser eigener Tod.

Die Lücke, die entstand, war schmerzlich. Seine Treue und sein rastloser Einsatz als langjähriger ZEDAKAH-Vorsitzender und Gründer des Liebeswerks in Maisenbach war kaum ersetzbar. Nach seinem Tod wurden die Segensspuren offenbar, die bis nach Israel reichten. Viele beweinten ihren Seelsorger, der ihnen den Weg zu Jesus gezeigt hatte.

Eine unüberschaubare Menge begleitete Friedrich Nothacker am 23. September 1968 zu seiner irdischen Ruhestätte auf dem Friedhof in Maisenbach. Missionsdirektor Pfarrer Pflaum aus Bad Liebenzell hielt die Beerdigung. Er sprach über das Wort Sacharja 3,2b: »Ist dieser nicht ein Brandscheit, das aus dem Feuer gerettet ist.« Dieses Gotteswort war Nothackers Wort bei der Einsegnung am Schluss seiner Ausbildung am Theologischen Seminar in Bad Liebenzell gewesen. Bei allen Zeugnissen auf dem Friedhof und bei den Nachrufen wurde der Name Jesu gerühmt und geehrt. Friedrich Nothacker bleibt in guter Erinnerung. Er war im Liebeswerk ZEDAKAH ein Vater des Glaubens. Er war als Christ ein großes Vorbild und wegweisend besonders im Blick auf Israel.

Sinn und Zweck des Erholungsheims »Beth-El« (1969)

Im März 1969 konnte das Erholungsheim in Shavei Zion fertiggestellt und unter großer öffentlicher Beteiligung eingeweiht werden. Bürgermeister Dr. Scheuer sagte bei einem Grußwort bei der großen Einweihungsfeier: »Einen besseren Platz hättet ihr euch nicht aussuchen können. Ihr seid Schwaben und siedelt unter Schwaben. Dann schlagt ihr mit diesem Werk eine Brücke von jener alten Seefahrerkirche zur Gegenwart.«

Friedrich Nothackers besonderer Wunsch war es noch, dass das neue Heim den Namen »Haus Beth-El« trägt. Beth-El heißt zu Deutsch: »Haus Gottes«. Es war Nothackers ausdrückliches Anliegen, dass das Erholungsheim wirklich eine Segensstätte wird. Es soll der Weisung und der Verpflichtung des Propheten Jesaja entsprechen: »Tröstet, tröstet mein Volk (Israel), spricht euer Gott« (Jesaja 40,1). Das ist auch der Wandspruch im Andachtsraum des neuen Heims.

Dorothea und Schmuel Bayer schreiben in einem Bericht über die Arbeit in Shavei Zion: »Durch die große Nachfrage von Holocaustüberlebenden, die bei uns Urlaub machen möchten, beträgt die Wartezeit für Gäste schon seit einiger Zeit drei oder vier Jahre. Deswegen ist das Angebot nur einmal für jeden möglich. In Ausnahmefällen können wir jemanden ein zweites oder höchstens ein drittes Mal aufnehmen, wenn kurzfristig Plätze frei werden.« Das Durchschnittsalter der Gäste liegt zwischen 75 und 85 Jahren. Jüngere Senioren nehmen meist noch sehr aktiv am gesellschaftlichen Leben teil.

Pro Gruppe werden jeweils 42 Gäste für jeweils 10 Tage eingeladen. Jede Gruppe ist wie eine Freizeit mit gemeinsamen An- und Abreisen. Die Mahlzeiten werden zusammen mit den Mitarbeitern eingenommen. Tischgebet und alttestamentliche Schriftlesung dienen dazu, die Gruppe als eine große Familie zusammenwachsen zu lassen. Ein Abend wird von Mitarbeitern gestaltet, die das Liebeswerk ZEDAKAH vorstellen. So wird manches Misstrauen, das bei einigen Heimbesuchern noch vorhanden ist, abgebaut.

In den letzten Jahren wurde festgestellt, dass die Gäste zunehmend leichter über ihre schlimmen Erlebnisse reden können. Wer von den Mitarbeitern mit ihnen ins Gespräch kommen will, findet offene Türen. Eine besondere Gelegenheit für intensive Unterhaltung bietet der Sabbatnachmittag, an dem kein gemeinsames Kaffeetrinken stattfindet, sondern es gibt eine Cafeteria, zu der alle Gäste auch Besucher einladen können.

Unbestrittener Höhepunkt einer jeden Gruppe ist das Feiern des Sabbatbeginns. Das Kerzenanzünden der Frauen, die Segenssprüche über Wein und Brot, die ein Gast laut für alle betet, das leckere Festessen, die Zusammenfassung des wöchentlichen Thora-Abschnitts (Lesung aus den fünf Büchern Moses). Das gemeinsame Singen von Sabbatliedern und Chorliedvorträge gehören als fester Bestandteil zur Feier.

In jeder Gruppe findet ein Themenabend statt – mit dem Ziel der Stärkung eines jeden, wenn er dann bald wieder nach Hause fährt. Solch ein Thema ist zum Beispiel Psalm 121,1-2. Die Lieder, eine Diapräsentation und die Botschaft sind darauf zugeschnitten und sollen das Bibelwort auf vielfältige Weise einprägen: »Ich hebe meine Augen auf zu den Bergen. Woher kommt mir Hilfe? Meine Hilfe kommt vom HERRN, der Himmel und Erde gemacht hat.«

Das Erholungsheim mit seiner Gartenanlage macht einen sehr gepflegten Eindruck auf die Besucher. Üppige, schattenspendende Bäume und blühende Büsche, allerlei Kakteenpflanzen und Blumenbeete, alles mit viel Fleiß und Liebe angelegt, machen den Garten zu einem Ort, an dem man sich gerne aufhält. Im Schatten der Palmen und Gummibäume ruhen die jüdischen Gäste auf ihren Liegestühlen oder sitzen in kleinen Gruppen zusammen, plaudern und beschäftigen sich mit Spielen oder Handarbeiten. Der kurze Weg zum Strand lädt zu einem Spaziergang am Meer ein.

Die Heimleitung in Shavei Zion machte im Laufe der Jahre eine sehr positive Erfahrung mit der Bevölkerung im Ort. Die anfängliche Skepsis gegenüber dem Heim Beth-El hat sich schon lange und grundsätzlich gewandelt. Die Hauseltern Dorothea und Schmuel Bayer sagten: »Wir dürfen heute die Früchte ernten, die durch das Ehepaar Nothacker als Samen ausgestreut wurden.« Dies hat sich ganz besonders gezeigt, als vor einiger Zeit das Heim von einer Katjuscha-Rakete aus dem Libanon getroffen wurde. Gott sei Dank, kam kein Mensch zu Schaden. Bei der Beseitigung der Zerstörungen halfen die Nachbarn und Bewohner von Shavei Zion in ganz außergewöhnlicher Weise mit!

Zwei Stimmen von Gästen

Ein Ehepaar K., das zehn wunderschöne Tage in Shavei Zion im Gästehaus verbracht hatte, schrieb an die Heimleitung: »Eure gottgesegnete Tätigkeit überschreitet die Grenzen ökonomischer Hilfe an Verfolgten des Nationalsozialismus. Eure Tätigkeit hat auch große politische Bedeutung gegen die Propaganda der Neonazis, welche behaupten, dass kein Auschwitz war, dass es nicht wahr ist, dass in den Konzentrationslagern sechs Millionen Juden ermordet wurden.«

Ein weiterer Gast, Herr B., brachte seinen Dank zum Ausdruck, indem er folgende Zeilen an die Hauseltern von Beth-El schrieb: »Ich danke für die Herzlichkeit und Höflichkeit, für die Aufmerksamkeit, auch für das schmackhafte und vielfältige Essen, welches immer so elegant und schön angerichtet war. Herzlich danke ich für den schönen Sabbat, für alles, alles, was Sie für uns ältere Menschen, die einen schweren Krieg überlebt haben, zubereitet haben.«

KAPITEL 12

Die Anfänge des Pflegeheims in Maalot

Schon wenige Jahre nach Fertigstellung des Gästehauses in Shavei Zion hat Gott den Verantwortlichen einen weiteren Arbeitszweig aufgetragen. Ein Ort sollte entstehen, wo gebrechlich gewordene Überlebende des Holocaust umsorgt und gepflegt werden können. Im Jahr 1976 wurden folgende Sätze aufgezeichnet: »Als große und notwendige Aufgabe steht noch immer der Bau eines Pflegeheimes vor uns. So stehen wir seit einiger Zeit mit der Bodenverwaltung und dem Gesundheitsministerium in Verbindung, ein Grundstück zu erhalten. Noch liegt alles wie ein großer Berg vor uns, den wir bestimmt nicht erklimmen würden, ohne einen klaren Auftrag von Gott zu erhalten. Sollte Gott etwas unmöglich sein?«

Nun – es war für Gott ein Kleines. Ein geeigneter Platz wurde ausfindig gemacht. 25 Kilometer östlich von Shavei Zion im höher gelegenen galiläischen Bergland mit sehr gutem Klima konnte der rechte Platz gefunden werden. Es war ein großes Gelände mit 17 000 qm, das vom Städtchen Maalot dem Liebeswerk ZEDAKAH zum Kauf angeboten wurde.

Einweihung von »Beth Elieser« 1983

Bis zu dem denkwürdigen Tag der Einweihung war ein langer Weg. Schon Friedrich Nothacker hegte den Wunsch, im Rahmen der Arbeit auch ein Altenpflegeheim zu errichten. Mehrere Jahre lang schien die Realisierung fast unmöglich zu sein. Als das Gesundheitsministerium grünes Licht gab und einige andere Hürden überwunden waren, konnte das Pflegeheim fertiggestellt werden. Es waren wieder die treuen Bauhelfer und die Verantwortlichen von ZEDAKAH in Israel, die sich oft, über das Maß ihrer eigenen Kräfte, für das Werk Gottes eingesetzt haben. Am 10. Oktober 1983 war der lang ersehnte Tag der Einweihung. Es war ein warmer Tag mit strahlend blauem Himmel. In dem geräumigen Speisesaal mit dem weiten Blick über die Berglandschaft Galiläas traf man sich zum Morgengottesdienst: »Großer Gott, wir loben dich, Herr, wir preisen deine Stärke.« Dieses Lied war die Überschrift des Tages. Etwa 270 Personen versammelten sich zur Nachmittagsveranstaltung, darunter auch viele der israelitischen Freunde. Rabbiner Dr. Keller aus Nahariya sagte ein Grußwort, ebenso der Bürgermeister von Maalot wie auch der Vorsitzende des Verbandes für ehemalige KZ-Häftlinge in Israel. Dr. Martin Schwarz sprach über die Bedeutung des Namens »Beth Elieser«. Er trug den Anwesenden drei wichtige Gedanken vor:

»1. Elieser bedeutet: Mein Gott ist meine Hilfe. Damit wird dieser Name zu einem Zeugnis. Wir bezeugen, dass dieser Gott in unserm persönlichen Leben tätig ist und uns stets seine Hilfe anbietet. Er hilft uns, seinen Willen zu erkennen und zu erfüllen.

2. Elieser ist aber auch ein Bekenntnis zu dem allein lebendigen und wahren Gott. Dieser Gott ist der Gott Israels, der auch unser Gott geworden ist. Nun können wir freilich die Frage stellen, wie wir denn zu diesem Gott gefunden haben. Dazu muss gesagt werden, dass uns Jeshua (Jesus), den wir als vollkommenen Repräsentanten Israels erkennen, den Weg zu ihm gewiesen hat. In ihm ist die Voraussetzung erfüllt, dass wir zu dem Gott Israels ›Unser Vater‹ sagen dürfen.

3. Elieser soll ein Trost sein für das Volk Israel. Wer soll dieses Volk trösten, wenn nicht die gläubigen Christen, die durch Israel zu dem lebendigen Gott gefunden haben? Israel darf wissen, dass wir als gläubige Christen fest an seiner Seite stehen bleiben, auch wenn uns deshalb Not und Drangsal drohen. Dieses Werk soll ein Zeugnis sein für die Gegenwart Gottes für Israel: Gott liebt sein Volk und hat es keineswegs verstoßen.«

Nach der Einweihung gab es an den Inneneinrichtungen und Außenanlagen noch viel zu tun. Am 17. Juli 1984 zogen die ersten fünf Heimbewohner ein. Heute stehen 24 Heimplätze zur Verfügung. Im großen Speisesaal hängt der Vers Jesaja 41,10b an der Wand: »Ich bin dein Gott. Ich stärke dich, ich helfe dir auch, ich halte dich durch die rechte Hand meiner Gerechtigkeit.«

Beth Elieser heute

Wer Beth Elieser aus der Anfangszeit kennt und heute wieder hinauffährt, wird diese Region nicht wiedererkennen. Ab 1991 mussten die schönen Wälder neuen Wohnanlagen weichen. Es waren neue Nachbarn gekommen. Auch ihnen gegenüber wollte man sich als gut und hilfreich erzeigen. Dennoch musste man wachsam sein, denn überall gibt es Menschen, die auf Kosten anderer ihren Vorteil suchen.

Das Beth Elieser ist auf dem Hügel »Jeffe Nof« (bedeutet »schöne Landschaft«) eine grüne Insel, mit einem einladenden Park und einem Wäldchen. Nicht nur die Heimbewohner fühlen sich zwischen Blumen, Sträuchern und Olivenbäumen sehr wohl. Der große Garten ist auch eine beliebte Kulisse für einheimische Brautpaare und deren Fotografen.

In den Neunzigerjahren erlebte Israel einen großen Zustrom jüdischer Einwanderer, hauptsächlich aus Russland und Äthiopien. Auch die Stadt Maalot wurde vor kaum zu bewältigende Aufgaben gestellt. Innerhalb weniger Jahre stieg die Einwohnerzahl von 8 000 auf 24 000. Sie brauchten alle ein Dach über dem Kopf.

Der Golfkrieg 1991 stürzte die Heimbewohner in große Ängste und Beklemmungen. Sie kamen nach Israel und hatten gehofft, die Schrecken des Krieges und der Gaskammern ein für alle Mal hinter sich zu haben. Nun drohte der irakische Diktator, die Juden mit Giftgas auszulöschen. Wenigstens blieb es ihnen erspart, während des irakischen Überfalls mit Scud-Raketen Gasmasken tragen zu müssen. Der Bunker im Heim war gegen Giftgas geschützt. Eine große und wertvolle Hilfe für die Heimbewohner war es, dass in der Zeit des Golfkriegs die deutschen Mitarbeiter im Land blieben und den Pflegebedürftigen mit ganzem Einsatz zur Seite standen. Zur gleichen Zeit zog die Familie Hans Bayer von Beth-El nach Maalot, was die Heimbewohner und Mitarbeiter sehr beruhigte und ihnen ein gutes Gefühl verschaffte.

Bunkerleben in Maalot

Im Frühjahr 1995 wurde viel Zeit investiert, um den »Pflegebunker« wohnlich herzurichten und ihm ein freundliches Gesicht zu geben. In einem Rundbrief wurde vermerkt: »Möge Gott uns vor einem Ernstfall bewahren.« Doch der Ernstfall kam schneller, als man ahnte, als im Juni 1995 vom Libanon aus Katjuscha-Raketen abgefeuert wurden. Drei Raketen gingen in nächster Nähe von Beth Elieser nieder. Während in der Nachbarschaft einige Menschen verletzt wurden, blieben das Heim und seine Bewohner verschont. Der Schrecken – vor allem für die alten Menschen – war groß. Sie mussten leider bei Alarm immer wieder den Bunker aufsuchen. Im April 1996 dauerte der Alarm 12 Tage und 12 Nächte. Es war eine Zeit höchster Anspannung und doch zugleich großer Bewahrung.

Wieder war es ein Schock, dass sich 2006 die Spannungen an der Nordgrenze Israels zu einem Krieg ausweiteten. Vom Libanon aus wurde Israel mit 400 Raketen beschossen. Sie gingen auf Maalot und die Umgebung nieder und richteten großen Schaden an. Rings um das Heim hörte man die Einschläge. Manchmal gingen die Geschosse in allernächster Nähe nieder, doch Beth Elieser und sein Gelände blieb wunderbar bewahrt.

Die Aufgabe, die Heimbewohner in Sicherheit zu bringen, erforderte rasches und überlegtes Handeln. Wie dankbar war man, dass keinerlei Panik ausbrach. Und wie gut war es zugleich auch, dass man am 12. Juli noch nicht wusste, dass der Bunkeraufenthalt fünf Wochen dauern würde.

Benjamin, der in dieser schwierigen Zeit seinen einjährigen Dienst im Pflegeheim tat, schildert stellvertretend für viele Mitarbeiter sein Erleben: »Für mich persönlich sind die Bunkertage zu einem großen Segen geworden. Wir dürfen jeden Tag spüren, wie unzählige Gebete erhört und beantwortet werden. Die Überlegung, vorzeitig nach Deutschland zurückzukehren, kommt für mich nicht infrage. Ich sehe hier in Israel für dieses Jahr meinen Platz, an den mich Gott gestellt hat und an dem er mich braucht. Ebenso verspüre ich keine Angst oder Unsicherheit. ›Siehe, der Hüter Israels schläft und schlummert nicht‹ (Psalm 121,4). Dies darf auch unsere Zuversicht sein. Nicht nur für Israel, sondern auch für mein persönliches Leben. Mein Leben liegt in Gottes Hand.«

Johannes, der auch einen einjährigen Dienst als Mitarbeiter bei ZEDAKAH in Israel ableistete, erzählte: »Ich begann meinen Dienst in Maalot, wo ich im Büro arbeitete. Bürotätigkeit war mir als ehemaligem Produktionsleiter aus der Automobilindustrie nicht fremd, aber hier doch ganz anders. Es ging um Menschen – Menschen, von Gott geschickt, um Menschen zu dienen, die Gott trösten will.

Als ich einmal mit Herrn F. im Garten war, erzählte er mir Grausames aus seiner Zeit im KZ Buchenwald. Buchenwald ist 60 km von meiner Haustür entfernt. Seine schrecklichen Erinnerungen lösten bei mir Traurigkeit, Schuld und Hilflosigkeit aus. Dann zog er einen Schokoriegel aus seiner Tasche und gab ihn mir – er, der voller Verbitterung gegen Deutsche sein müsste. Er lebte Vergebung; Vergebung durch die Liebe, die er im Heim erfährt, die aber letztlich nur unser himmlischer Vater schenken kann. Ab April war ich dann in Shavei Zion im Bereich Technik und in der Gästearbeit tätig. Es gab eindrückliche Begegnungen mit Menschen, die noch rüstig waren und dennoch die Hölle der Gettos und KZs durchlebt haben. Viele waren mit der Häftlingsnummer von Auschwitz tätowiert und waren als Jugendliche ins Lager gekommen. Sie kamen zu uns Deutschen für zehn Tage zur Erholung. Ihre Fragen und ihre Skepsis bei der Anreise konnte man ihnen ansehen. Umso schöner war es, wenn sie uns beim Abschied sagten, dass sie mit großem Frieden im Herzen und zuversichtlich wieder nach Hause fahren. Sie hatten in diesen Tagen Begegnungen mit Menschen, die sie liebten, und mit ›ihrem Gott‹, den sie wiedergefunden haben. Es war eine wichtige und wertvolle Zeit. Für mich war sehr prägend die Gemeinschaft unter uns Mitarbeitern: den Tag mit Morgenandacht und Gebet zu beginnen, gemeinsam zu dienen, zu essen und teilweise auch die Freizeit zusammen zu verbringen, außerdem Gottesdienste und Bibelstunden.

Bei Ausflügen im Land wurde ich durch die Schönheit Israels beschenkt – bei Wanderungen in Galiläa, in der Wüste und am Toten Meer, auf den Fußspuren Jesu und besonders in Jerusalem. Es war so ein Vorrecht, in Gottes Land unterwegs zu sein und in die Bibel zu schauen und zu erkennen, wie Gottes Plan mit seinem Volk ist und sein wird.«

Diese zwei Erlebnisberichte von Benjamin und Johannes sind ein glaubhaftes Zeugnis, das Friedrich Nothacker auch mit dankbarem Herzen unterstrichen hätte. Solch ein Dienst wird in Israel anerkannt und dankbar angenommen.

KAPITEL 13

Der unwiderrufliche Auftrag an Israel

Friedrich Nothacker hat kurz vor seinem Heimgang (1968) noch folgende Sätze geäußert: »Nach den Aussagen der Bibel steht einfach fest: Israel ist Gottes erwähltes Volk. Und wer Israel segnet, der erfährt die Verheißung Gottes, die durch Abraham ausgesprochen wurde: ›Ich will dich segnen, und du sollst ein Segen sein‹ (1. Mose 12,2).

Wenn wir heute in Deutschland von Israel sprechen, so tun wir das ganz bewusst, weil man in der Gemeinde Jesu noch einen großen Bogen um dieses Gottesvolk macht. Und weil bei vielen Menschen der antisemitische Geist noch tief in den Herzen verwurzelt ist. Ich sehe diese Aufgabe nicht als Sache nur eines Vereins an. Manche meinen sogar, es sei das persönliche Hobby von Friedrich Nothacker. Nein – es ist Gottes Auftrag und er gilt der ganzen Gemeinde Jesu. Wer richtig zu seinem Herrn und Heiland Jesus Christus steht, der tut dann auch wirklich etwas für Israel und die KZ-geschädigten Juden.«

Auch heute, bald fünf Jahrzehnte später, haben die Sätze Friedrich Nothackers nichts von ihrer Gültigkeit verloren. Sie bestätigen sehr deutlich, dass Gott sich bis heute zu diesem Liebesdienst bekennt und warum sich immer wieder Freiwillige rufen lassen und viele Freunde mit ihren Gaben und Gebeten ganz hinter der Arbeit stehen. Gott will absolut diesen Liebesdienst, und er will, dass er gerne getan wird. Auch zu einem Zeugnis für Israel. Immer wieder werden die Mitarbeiter gefragt: »Warum tut ihr diese Arbeit in Israel?« Selbst Gäste in Shavei Zion und manche Heimbewohner in Maalot können kaum verstehen, dass Männer und Frauen monatelang ihre Familien verlassen, um für einige Zeit ihren Beruf oder die Ausbildung zu unterbrechen, um fern ihrer Heimat fremden Menschen zu dienen. Die Mitarbeiter bezeugen dann meistens den Grund: »Euer Gott, der durch Jesus Christus auch unser Gott geworden ist, hat uns in Deutschland zu dieser Arbeit gerufen.« Die ZEDAKAH-Leute machen dann auch kein Hehl daraus, was sie glauben. Sie verleugnen Jesus nicht. Die Mitarbeiter lehnen Evangelisation in Israel nicht grundsätzlich ab, sondern sagen nur, das sei nicht ihre Aufgabe und nicht die des Werkes. Sie bezeugen Jesus Christus durch ihre Taten und wirken zugleich in seiner Kraft. Ein jüdischer Freund sagte einmal, dass man in Israel die Christen nicht nach ihren Worten beurteilen wird, sondern nach ihren Taten.

Leo Baeck – ein großes Vorbild

Wir können und dürfen das Unrecht, das damals unter Hitler geschah und heute in immer neuen Formen wieder in Erscheinung tritt, nicht einfach verdrängen. Wir müssen uns der Realität stellen und den Verbrechen mit allen unseren Möglichkeiten entgegentreten. Es gilt, Widerstand zu leisten gegen jede Form von Antisemitismus und von menschenverachtenden Parolen. Viele ernsthafte Christen haben im Dritten Reich versagt und sind den Verführern auf den Leim gegangen. Arno Pagel (1914–2002), EC-Bundespfarrer, sagte mir bei einem Gespräch: »Dietrich Bonhoeffer war einer der wenigen, der sich laut und klar für die Juden eingesetzt hat. Viele andere Christen haben jämmerlich versagt und haben sich schuldig gemacht. Auch ich habe zu dem Unrecht, das an Juden und Christen, die in KZs gepeinigt, übel misshandelt und brutal ermordet wurden, geschwiegen. Gott möge mir diese Schuld vergeben.« Friedrich Nothacker brachte 1966 ein Büchlein heraus mit dem Titel: »Israel heute«. Es enthält einen Lebensbericht über Leo Baeck, der zeigen soll, wie dieser Mann in einer sehr schwierigen Lage Vorbild wurde.

Am 2. November 1956 starb in London ein Mann namens Leo Baeck im 84. Lebensjahr. Er war Jude und eine Persönlichkeit, der nicht daran gelegen war, in der Öffentlichkeit vorzukommen, obwohl er in bestimmten Kreisen der meisten zivilisierten Länder wohl bekannt war …

Er war Rabbiner und ein hervorragender hebräischer Gelehrter und Theologe. Leo Baeck verbrachte seine Kindheit in der Stadt Lissa in der deutschen Provinz Posen, wo sein Vater Rabbiner war. Es war ein Ort, wo sich mehrere Nationen und Religionen trafen, und es gab Spannungen und Kontroversen: Polen und Deutsche, Katholiken und Protestanten, Juden und Christen hatten mancherlei Meinungsverschiedenheiten. Vielleicht war es für den heranwachsenden Jungen im Ganzen kein Nachteil, dass er in einem Zentrum lebte, wo so viele Traditionen mit Nachdruck vertreten waren. Als er erwachsen war, hatte er eine außerordentliche Gabe, Weltanschauungen und Glaubenslehren zu verstehen. Er wurde mit der Gelehrsamkeit und Kultur sowohl der jüdischen Theologen wie deutscher Historiker und Philosophen bekannt. Das entscheidende Ereignis in Leo Baecks Leben war, als er im Jahr 1912 Oberrabbiner in Berlin wurde. Nachdem er in der deutschen Armee im Ersten Weltkrieg als Feldgeistlicher gedient hatte, zog er sich zu seiner Arbeit in Berlin zurück und nahm führenden Anteil an den deutsch-jüdischen Angelegenheiten. Sein Ruf als geistiger Leiter wuchs ständig. Sah er die Zeit der Bewährung voraus?

1925, als allem äußeren Anschein nach die Aussichten hoffnungsvoll waren, scheint es, als ob er über Martyrium nachgedacht habe, wie wenn es nicht weit weg läge. In einem Brief an einen Freund schreibt er: »Wir entdecken zwei Wurzeln unseres Wesens in uns selbst. Jeder Mensch ist ein Bürger zweier Welten. Aus dieser Tatsache ergeben sich Aufgaben und Konflikte für jedes menschliche Wesen. Daraus kommt alles Märtyrertum. Der Mensch gehört der staatlichen Sphäre an und der Sphäre Gottes. Welchem Gesetz soll er gehorchen, wenn der Konflikt kommt? Es mag die Stunde kommen, wo man gezwungen ist zu optieren – für das zeitliche oder das ewige. Geh weg aus deinem Lande, sagt Gott zu Abraham. Zu optieren bedeutet, bereit zu sein, Märtyrer zu werden, den Vorrang der Religion anzuerkennen und ihrer Gebote, ihren Vorrang über alles andere.«

Als 1933 Hitler und die Nationalsozialisten an die Macht kamen, nahm Leo Baeck den persönlichen Posten des Präsidenten der jüdischen Reichsvereinigung an. Von da an hatte er die schwierige Aufgabe, selbst mit dem Tyrannen zu verhandeln. Er wollte für das jüdische Gemeindeleben retten, was zu retten war. Man kann sich kaum vorstellen, welchen Mut und Geduld dieser Mann für sein Volk aufbringen musste. Besonders die verfolgten Juden brauchten Ermutigung, um ihr schweres Leid ertragen zu können. Die Emigration jüdischer Familien in befreundete Länder musste er in großem Maß regeln. Ferner musste er für die Erziehung jüdischer Kinder sorgen, die in allen deutschen Schulen ausgeschlossen waren. Allen Einsatz musste er unter beständiger Bedrohung ausführen. Fünf Mal wurde Leo Baeck verhaftet und war schlimmen Verhören der Nazis ausgeliefert.

Es ist kaum zu glauben: In dieser Zeit veröffentlichte er das Ergebnis einer Studie unter dem Titel: »Das Evangelium als Urkunde jüdischer Glaubensgeschichte.«

Als man ihn 1939 zum Präsidenten der Weltvereinigung für progressives Judentum wählte, erhielt er eine noch mehr herausgestellte Position eines repräsentativen Juden in den Augen der Judenhasser. Als am 1. September 1939 Hitler den Vernichtungskrieg in Polen begann, war sein großes Ziel die Beherrschung Europas und der ganzen Welt. Dabei wollte er alle Juden ausrotten, um die sogenannte Herrenrasse frei von Vermischung zu halten, wie Baeck schon 1925 erkannte. Im Januar 1943, fast 70-jährig, wurde Baeck verhaftet und kam ins KZ Theresienstadt, aus dem es menschlich gesehen kein Entrinnen mehr gab. Der kluge Mann gab aber niemals auf und gab sich nicht der völligen Verzweiflung hin. Er war Seelsorger für die grausam verfolgten KZ-Häftlinge. Es wird erzählt, dass die Gefangenen wie Weintrauben zu Hunderten an ihren Betten hingen, um von ihm Trostworte und Ermutigung zu empfangen.

Noch einmal wurde das Leben Baecks wie durch Zufall gerettet. Durch einen Irrtum wurde er für tot erklärt. So stand sein Name nicht auf der Liste derer, die zum Sterben bestimmt waren. Jedoch am Ende schien der Tod näher zu kommen, denn der SS-Obersturmbannführer Adolf Eichmann, einer der schlimmsten Judenhasser, kam ins Lager. Er kam, um es zu kontrollieren. Er war allerdings sehr erstaunt, als er Leo Baeck entdeckte, der noch am Leben war. Er meinte, er sei schon längst hingerichtet worden. Einen Tag nach Eichmanns Visite im KZ Theresienstadt sagte die Aufsicht des Lagers zu Baeck, dass er am nächsten Tag erschossen werden solle. Baeck bereitete sich nach dieser Ankündigung die ganze Nacht auf seinen Tod vor. Er betete zu Gott und wusste sich bei ihm geborgen. Doch Gottes Plan war anders und er ließ es nicht zu. Am andern Morgen standen die russischen Truppen vor dem Lager und befreiten die Häftlinge. Es war wieder ein Wunder Gottes, dass Gott so direkt eingriff. Das Leben von Leo Baeck stand ganz sichtbar und direkt unter Gottes Schutz und Bewahrung.

Er sagte später bei einem Kongress in New York vor vielen Juden und Christen: »Mein Leben gehört Gott. Denn der Hüter Israels schläft noch schlummert nicht. Wir haben trotz aller schlimmen Geschehnisse einen Gott, der vom Tode erretten kann. Ich bin dafür ein sichtbares Zeichen, dass Gott lebt.«

Leo Baeck setzte sich bis zu seinem Lebensende unermüdlich für verfolgte Juden und Christen ein. Ihm war es wichtig, dass die Feinde Israels ihre Schuld einsehen und in Ordnung bringen. Und die im Dritten Reich geschwiegen haben, auch Buße tun für ihr Versagen. Er meinte auch, nun gilt es, wo es möglich ist, wiedergutzumachen, was im Nationalsozialismus an Menschen und Völkern auf der ganzen Welt zerstört und vernichtet wurde.

Aus Dankbarkeit für seinen unermüdlichen Einsatz für Christen und Juden in der schwierigen Zeit des Nationalsozialismus verlieh

Bundespräsident Heuss Leo Baeck an seinem 80. Geburtstag das »Große Verdienstkreuz mit Stern« der Bundesrepublik. Friedrich Nothacker sagte von Leo Baeck: »Wir können von seinem Beispiel lernen: dass ein Mensch in allerschwersten Anfechtungen und großen Bedrängnissen auf Gott bauen kann, wenn er tief im Glauben an Gott verwurzelt ist.« Leo Baeck war Fritz Nothackers großes Vorbild geworden.

Eine wichtige Auszeichnung

Bei einem Israeleinsatz besuchten Gerhard und Rose Vöhringer den Rechtsanwalt und Notar Bronowski, der in Haifa lebte. Dieser Mann sagte einige wichtige Sätze, die Vöhringers sehr beeindruckten: »Es war Gottes Hand, die mich überleben ließ!« »Bei den Christen habe ich das Beten gelernt!« »Nachdem ich überlebt hatte, habe ich mir für die Zeit danach zwei Dinge vorgenommen: einmal, mich für die einzusetzen, die gelitten haben, und zweitens, die Leute ausfindig zu machen, die Juden gerettet haben!«

Am 10. Juli 1989 hat Alexander Bronowski, als israelischer Vertreter der ehemals Verfolgten, stellvertretend für die ganze ZEDAKAH-Familie die beiden Ehepaare Nothacker und Bayer geehrt und ihnen eine Auszeichnung verliehen.

Er schreibt: »Nun sind 44 Jahre seit dem Ende des Dritten Reiches vergangen. Als der Krieg endete, beschlossen die in den Vernichtungslagern überlebenden Juden – Elende, Kranke, Erniedrigte, Mittellose –, nicht in ihre Heimat zurückzukehren, sondern nach Israel auszuwandern, um dort ein neues Leben zu beginnen. Der israelische Staat, der im Jahre 1948 gegründet wurde, verfügte nicht über die ausreichenden Mittel, diesen Überlebenden eine Existenz zu schaffen.

Zu dieser Zeit erschienen fortlaufend in Israel edle christliche Menschen, die sich anboten, diese Unglücklichen freiwillig zu betreuen. Unter ihnen befand sich das Ehepaar Friedrich und Luise Nothacker, das vor ungefähr 20 Jahren mehrere Male Israel besucht hatte und dessen Ziel es war, den ehemals Verfolgten Hilfe zu leisten.

Ich selbst war Zeuge, mit welch innerer Kraft und Menschenliebe sie ihr Ziel erreichten. In Shavei Zion haben sie ein großes Erholungsheim für ehemals Verfolgte gebaut, um diesen die Möglichkeit zu geben, dieses kostenlos zu nutzen.

Das Ehepaar Nothacker und ihre Mitarbeiter ermöglichten damit Tausenden erschöpften und kranken Menschen, sich von Zeit zu Zeit dort zur Erholung aufzuhalten. Herr Friedrich Nothacker verschied im Jahr 1968, aber sein humanes Werk wurde fortgesetzt. Im Jahr 1982 wurde ein Pflegeheim namens ›Beth Elieser‹ für chronisch Erkrankte, Verfolgte errichtet.

Selbstverständlich war es dem Ehepaar Nothacker nur durch die freiwillige Mitarbeit vieler anderer aufopfernder, christlicher gläubiger Menschen möglich, diese zwei Institutionen zu gründen und damit Buße zu tun für das, was die Deutschen dem jüdischen Volk im Zweiten Weltkrieg angetan haben. Sie haben es geschafft, da ihre Arbeit auf aufrichtiger Nächstenliebe basiert war.

Wenn ich über ehrliche Christen spreche, welche ihre Hand gegeben haben, um die zwei Institutionen zu schaffen, um mehrere Tausend unglückliche Menschen zu betreuen, dann darf ich nicht versäumen, den Namen des Ehepaars Hans und Christel Bayer hervorzuheben, dessen Leitung beider Heime außergewöhnlich erfolgreich war und die somit von Tausenden Menschen, die von ihnen betreut wurden, den Dank für das humane deutsche Werk ausgedrückt bekommen. Die Betreuten verließen die Heime dankbar und im Bewusstsein, dass hier von den Deutschen der Weg zur Versöhnung gesucht wird.

Dank oben erwähnter Familien, dem Vorstand von ZEDAKAH Beth-El und Hunderten deutschen freiwilligen Mitarbeitern haben unzählige ehemals Verfolgte eine enorme humane Hilfe erhalten. Als Vorsitzender des größten Verbandes der gewesenen Häftlinge der Konzentrationslager in Israel, welcher vier Zweigstellen hat, und zwar in Jerusalem, Tel Aviv, Netanya und Haifa, möchte ich heute den innigsten Dank dem Vorstand von ZEDAKAH, allen Mitarbeitern und speziell Luise Nothacker und dem Ehepaar Hans und Christel Bayer für ihr gesegnetes Werk ausdrücken.

Auf Initiative des Vorstandes der gewesenen KZ-Häftlinge aller Konzentrationslager in Israel wurde Herr Friedrich Nothacker, seligen Andenkens, Frau Luise Nothacker, Hans und Christel Bayer mit der hohen israelischen Auszeichnung, das heißt, Eintragung ins Goldene Buch, geehrt.« (»Israel Organization of Former Nazi Prisoners«, Haifa). Diese Ehrung vom Vorsitzenden des Verbandes der ehemaligen KZ-Häftlinge gehört auch mit zum Leben und Wirken von Friedrich Nothacker dazu. Es war ein Leben der Liebe, der Treue und Hingabe an Gott.[16]

---

16 Friedrich Nothacker, Israel heute, Christlicher Hilfsbund e.V., Maisenbach 3. Auflage 1966, S. 20.